사소한
상어책

상어가 들려주는 **지구**와 **바다**의 생명 이야기

사소한 상어책

김은정 글·그림

한권의책

차례

시작하며 6

바다의 탄생 16

새로운 생물이 나타났어요! 20

고생대의 최강자들 22

최초의 물고기 24

상어는 이빨이지! 28

상어는 쉬지 않지! 30

부레의 원리 34

왜 상어는 부레가 없을까요? 36

그 많던 판피어는 어디로 간 것일까요? 48

고대의 상어들 50

상어가 아니야! 52

상어의 종류 54

누구보다 빠르지, **청상아리** 56

내가 가장 무섭지, **백상아리** 58

나보다 특이하게 생긴 물고기는 없을걸? **귀상어** 60

나도 특이하게 생겼다고! **톱상어, 전자리상어** 62

상어와 가오리를 구별해 볼까요? 64

검을 품은 꼬리, **환도상어** 66

내가 가장 크다고! **고래상어** 68

나보다 오래 살지는 못할걸? **그린란드상어** 70

사냥의 기술 72

마치며 74

시작하며

상어 좋아하세요? '상어' 하면 어른들은 사람을 공격하는 무서운 괴물 〈죠스〉로 기억하지만 여러분은 아마 귀여운 〈상어 가족〉을 먼저 떠올리지 않을까요? 상어는 실제로도 수족관에서 가장 인기가 있지요. 커다란 몸집으로 멋지게 헤엄치며 쉬지 않고 물속을 누비는 상어는 생각보다 훨씬 놀랍고도 신기한 물고기예요. 나무보다도, 공룡보다도 먼저인 4억 년 전부터

지구에 살고 있었거든요. 4억 년 동안 멸종하지 않고 살아가는 동물은 그리 많지 않아요. 바닷속뿐만 아니라 육지에서도 수많은 생물이 나타났다가 사라지는 긴 시간이니까요. 이제부터 상어가 오랜 시간을 멸종하지 않고 살아 낸 비결과 수많은 위기를 이겨 내면서 지켜본 지구와 바다의 긴 이야기를 들어 볼까요?

4억 년 전 고생대 데본기의 바닷속에는 오징어의 조상인 두족류, 삼엽충과 바다전갈 등 다양한 바다 생물들이 살고 있었어요. 그중에서도 원시 상어는 물론이고, 갑주어나 판피어류를 포함한 물고기 종류가 특히 번성한 시기여서 데본기를 '물고기의 시대'라고 부르지요.

3억 년 전 고생대 석탄기에는 데본기 동안 바닷속을 장악했던 물고기 종류인 갑주어나 판피어류가 모두 멸종해 사라졌어요. 상어가 사라진 여러 포식자들의 빈틈을 채우며 다양하게 진화하던 때예요.

헬리코프리온

1억 년 전 중생대의 마지막 시기인 백악기예요. 중생대 동안 어룡이나 수장룡 같은 거대 파충류들이 대형 물고기가 사라진 바닷속을 채웠어요. 백악기에는 어룡은 사라지고 모사사우루스가 번성했어요. 가오리는 2억 년 전부터 나타났어요.

크레톡시리나

현재 신생대에 속하는 시기이지요. 중생대가 끝나면서 거대 바다 파충류는 모두 멸종했고, 그 빈 자리는 다시 거대 포유류인 고래나 바다소가 채워 갔어요. 그리고 크기가 크지는 않지만 그 어떤 동물보다 영향력이 막강한 인간도 나타났지요.

백상아리

바다의 탄생

상어는 4억 년 전부터 지금까지 바다에서 살고 있으니, 바다를 빼고 상어 이야기를 할 수는 없겠지요. 바다는 지구에서 생명이 탄생한 곳이니, 바다가 없었다면 상어는 물론이고 우리 인간도 없었을 거예요.

50억 년 전쯤 태양이 생겼고, 태양 주변을 떠돌던 여러 원소와 소행성, 먼지 덩어리들이 뭉치면서 행성들이 생겨났어요. 그중 하나가 지구이지요. 45억 년 전쯤 만들어진 초기 지구는 아직도 주위에 남아 있던 부스러기 암석이나 얼음덩어리들과 충돌했고, 또 내부의 에너지가 폭발하면서 한동안 한 덩어리로 용암처럼 부글부글 끓어올랐어요. 이때는 지구에 대기도 바다도 육지도 없었어요.

지금까지 알려진 것으로는 태양계에서 지구에만 액체 상태의 물이 있지요. 왜 지구에만 물이 있을까요? 얼음 상태의 물은 우주에서 아주 흔한 물질이어서 지구에 물이 있는 것이 그렇게 특이한 일은 아니에요. 화성에서도 예전에 물이 흘렀던 흔적이 발견됐으니까요. 그러니 "왜 지구에만 바다가 남았을까요?"가 정확한 질문일 거예요.

지구가 만들어지고 2억 년쯤 시간이 지나자 하늘에서 수시로 떨어지던 소행성이나 암석 덩어리들이 잦아들었어요. 지구가 빠르게 식으면서 땅(지각)이 생기고 대기도 생겼지요. 이때의 대기에는 산소가 없었어요. 그리고 뜨거운 공기 중에 수증기 상태로 있던 물이 비가 되어 엄청나게 쏟아지면서 바다가 생겨났어요. 바다가 생긴 지 얼마 되지 않은 41억 년 전쯤 최초의 생명이 지구의 바닷속에서 탄생했어요.

화성 탐사선에서 보내온 사진 속 둥근 자갈돌은 화성에 물이 흘렀다는 증거예요. 물속에서 뒹굴며 깎여야 둥근 자갈돌이 만들어지거든요. 또 물이 흐를 때 생기는 수로나 계곡의 흔적도 남아 있지요.

행성이 만들어질 때 무거운 철 성분은 내부에 가라앉아 중심핵이 되는데, 화성은 다른 지구형 행성들과 비교해 중력이 약한 편이어서 지표면에 철 성분이 많이 남았어요. 물(H_2O)이 증발하면서 수소(H) 원자와 산소(O) 원자로 쪼개지는데 가벼운 수소는 우주로 날아가고, 반응성이 좋아 어디든 잘 달라붙는 산소는 지표면의 철에 달라붙어 산화 철이 되지요. 쉽게 말하면 철이 산소를 만나 빨갛게 녹스는 거예요. 이렇게 철이나 암석에 붙들린 산소는 다시 물이 될 수 없으니 화성은 건조하고도 붉은 행성이 된 거예요.

바다에서 생명이 처음 생겨난 것이 맞지만, 지구의 바다를 지켜 낸 것 또한 이 생명들이에요. 바닷속에서 태어난 최초의 생물인 단세포 박테리아(세균)들 중에서 광합성을 하는 종류가 나타났어요. 광합성을 하는 박테리아가 만들어 낸 산소가 대기를 점차 채우며 바다에서 증발하는 수소를 붙잡아서 다시 물로 만들었고, 지구에는 바다가 남게 된 거예요.

금성이나 화성에도 처음에는 바다가 있었어요. 지구보다 태양과 가까워 표면 온도가 섭씨 460도에 이르는 금성에서는 물이 빠르게 증발해 사라졌어요. 화성에는 물이 흘렀던 흔적과 극지방에 얼음이 남아 있지만 액체 상태의 물이 발견되지는 않았지요. 화성은 수십억 년에 걸쳐 물이 증발했어요. 지구도 아마 화성과 비슷한 과정을 겪었을 거예요. 그런데 지구와 화성이 달랐던 이유는 지구에서는 생물들이 산소를 만들어 내는 속도가 물이 완전히 증발하는 속도보다 조금 빨랐기 때문이에요. 생물들이 지켜 낸 지구의 바다는 다시 무수한 생명이 태어나는 터전이 되었고, 지구는 생명이 가득한 초록 행성으로 남게 되었지요.

광합성은 물과 햇빛 에너지를 이용해 이산화 탄소에서 양분을 얻고, 필요 없는 산소는 몸 밖으로 버리는 거예요. 그래서 광합성을 하는 식물이 많으면 공기 중에 이산화 탄소는 줄고 산소는 많아지지요.

새로운 생물이 나타났어요!

생물들이 바다를 구하고, 다시 바다가 수많은 생물들을 키워 냈지만 겉으로는 수십억 년 동안 지구와 바다의 모습에 아무런 변화가 없어 보였을 거예요. 이때의 생물인 단세포 박테리아들은 세포 하나의 크기여서, 현미경으로 보아야 보일 정도로 작았으니까요. 그러다가 6억 년 전쯤 세포가 여러 개인 다세포 생물들이 나타났어요. 세포가 여러 개라는 것은 크기가 커졌다는 얘기이고, 생물에게 '몸'이 생겼다는 얘기이며, 이것은 우리가 맨눈으로 볼 수 있다는 뜻이에요. 바다의 풍경이 확실히 달라졌을 거예요. 이제는 여러 생물들이 바닷속을 헤엄치거나 둥실둥실 떠다니는 것이 눈에 보일 테니까요.

최초의 다세포 생물들을 에디아카라 생물군이라고 불러요. 이때의 생물들은 크기도 작고, 아직 단단한 껍데기가 제대로 생기지 않아 몸이 말랑했기 때문에 화석이 되기 어려웠어요. 오스트레일리아 플린더스산맥 북쪽, 에디아카라 지역에서 여러 종의 화석이 발견되면서 뒤늦게 알려졌어요.

에디아카라 생물들은 해면동물을 제외하면 대부분 해파리 같은 자포동물로, 바닷물을 빨아들여 플랑크톤을 걸러 먹었을 것으로 생각해요. 이때의 생물들은 고생대의 첫 시기인 캄브리아기가 시작되기 전에 대부분 멸종해서 지금은 비슷하게 생긴 생물이 거의 없어요.

카나다스피스

카나다스피스는 절지동물로, 지금 바닷속에 사는 게나 가재의 조상으로 여겨져요. 캄브리아기에 발견되는 화석들 가운데 삼엽충을 비롯해 왑티아, 레안코일리아, 나라오이아, 아노말로카리스 같은 절지동물이 유독 많은 이유는 가장 번성한 동물 종류이기도 했지만 껍데기가 딱딱해서 화석으로 잘 남을 수 있었기 때문이에요.

왑티아

레안코일리아

나라오이아

아노말로카리스는 크기가 2미터까지 자라는 대형 절지동물이에요.

크기가 크다는 것은 생물에게 여러 가지 이점이 있어요. 천적에게 쉽게 잡아먹히지 않고, 나보다 작은 생물을 잡아먹을 수도 있지요. 또 먼 거리를 이동할 수도 있으니까요. 이렇게 생존에 유리한 '몸'이 만들어지고 나자 생물은 이전과는 비교할 수 없을 정도로 빠르게 진화하기 시작했어요.

삼엽충은 발견되는 화석 종류만도 1만 7000가지가 넘는 고생대의 대표적인 절지동물로, 눈이 처음 생긴 동물이기도 해요.

오파비니아는 눈이 5개인 동물로, 지금은 멸종한 동물 종류예요.

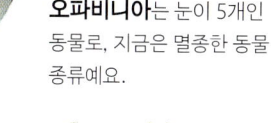

크테노르합도투스는 원시 해파리예요. 최초의 다세포 생물로 알려진 해면동물과 해파리나 산호 같은 일부 자포동물들만 에디아카라기에서 살아남았어요.

다세포 생물이 처음 등장한 6억 년 전에서 5000만 년이 지나지 않아 현재의 모든 동물 종류를 포함한 38개 문의 동물이 나타났어요. 이때를 고생대의 첫 시기인 캄브리아기라고 해요. 캄브리아기 때부터 생물의 종류도 많아지고, 크기도 이전보다 커지고, 딱딱한 껍데기도 생겨나 다양한 화석이 남을 수 있게 되면서 생물이 어떻게 진화했는지 분명히 알 수 있게 되지요.

위악시아는 몸 전체가 비늘로 덮여 있으며, 몸 위쪽으로 7~8쌍의 가시가 있는 특이한 모양의 동물로, 연체동물의 조상으로 여겨져요.

반시아는 크게 자라는 해면동물이에요.

헬리코키스티스는 불가사리나 성게 같은 극피동물이에요.

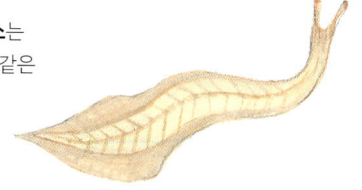

피카이아는 척추동물의 조상이라고 할 수 있는 척삭동물이에요.

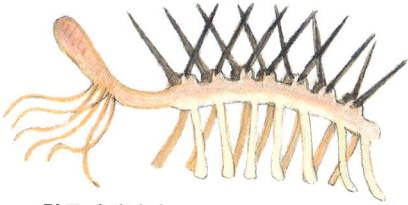

할루키게니아는 위아래가 구별되지 않는 특이한 모양의 동물로, 지금의 발톱동물과 같은 유조동물로 생각되지요.

고생대의 최강자들

고생대는 캄브리아기, 오르도비스기, 실루리아기, 데본기, 석탄기, 페름기, 이렇게 여섯 개의 시기로 나뉘어요. 시기를 나누는 기준은 바로 생물이에요. 화석으로 발견되는 생물이 눈에 띄게 달라졌다는 것은 환경의 변화가 크게 있었다는 뜻이니까요. 지구가 탄생한 것은 45억 년 전이지만, 5억 5000만 년 전인 캄브리아기부터 고생대가 시작되는 것도 같은 이유예요. 캄브리아기부터 맨눈으로 볼 수 있는 크기의 생물들이 본격적으로 등장하거든요.

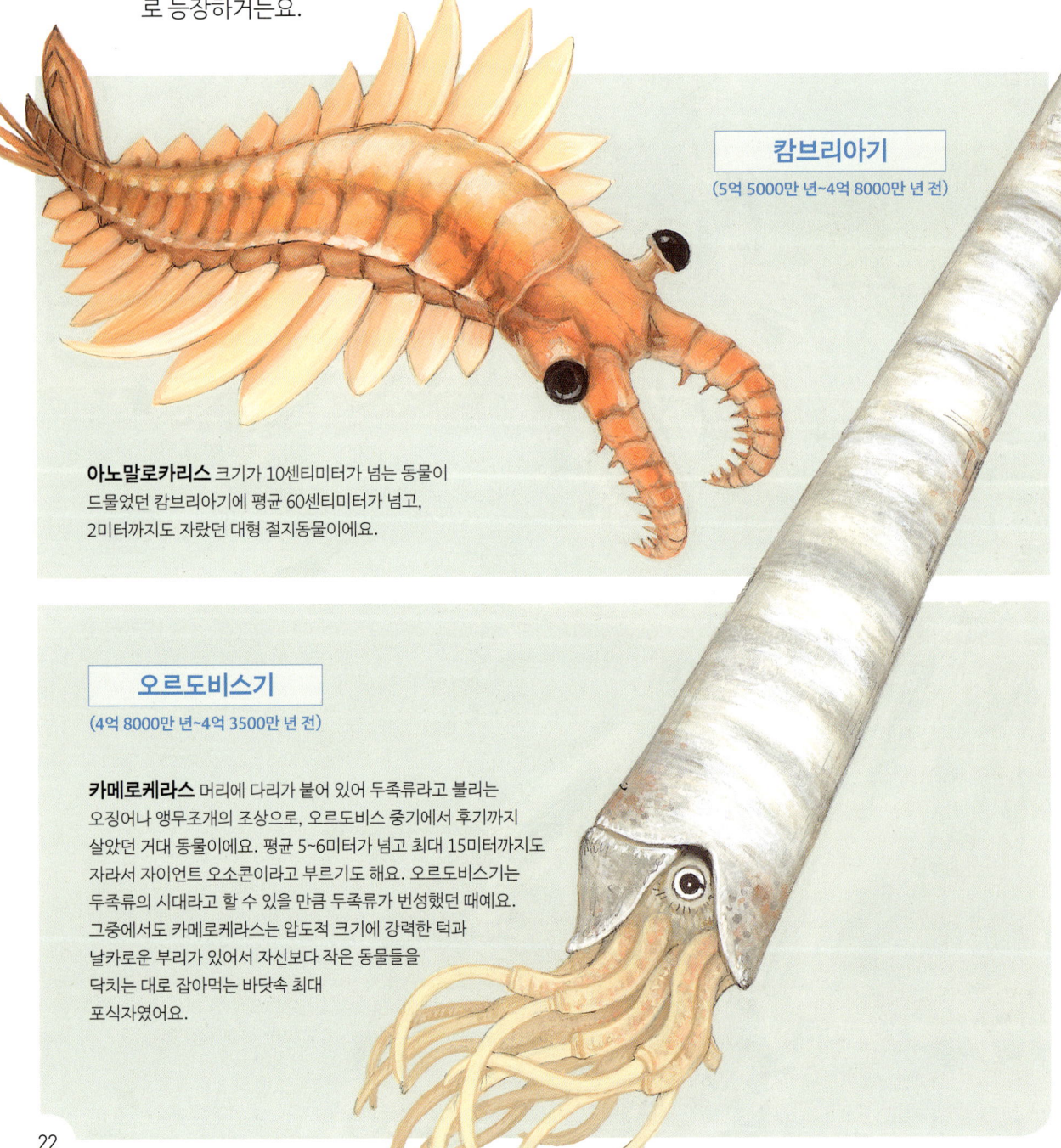

캄브리아기
(5억 5000만 년~4억 8000만 년 전)

아노말로카리스 크기가 10센티미터가 넘는 동물이 드물었던 캄브리아기에 평균 60센티미터가 넘고, 2미터까지도 자랐던 대형 절지동물이에요.

오르도비스기
(4억 8000만 년~4억 3500만 년 전)

카메로케라스 머리에 다리가 붙어 있어 두족류라고 불리는 오징어나 앵무조개의 조상으로, 오르도비스 중기에서 후기까지 살았던 거대 동물이에요. 평균 5~6미터가 넘고 최대 15미터까지도 자라서 자이언트 오소콘이라고 부르기도 해요. 오르도비스기는 두족류의 시대라고 할 수 있을 만큼 두족류가 번성했던 때예요. 그중에서도 카메로케라스는 압도적 크기에 강력한 턱과 날카로운 부리가 있어서 자신보다 작은 동물들을 닥치는 대로 잡아먹는 바닷속 최대 포식자였어요.

실루리아기

(4억 3500만 년~4억 1000만 년 전)

프테리고투스 실루리아기는 바다전갈 종류가 다양하게 진화하던 때예요. 그중에서 프테리고투스는 가장 크기가 큰 편으로 2~2.5미터까지 자랐어요. 흔히 바다전갈이라고 부르지만 사실 광익류가 정확한 이름이고, 전갈과는 다른 동물로 오히려 거미와 가깝다고 해요.

데본기

(4억 1000만 년~3억 4500만 년 전)

둔클레오스테우스 데본기의 최상위 포식자는 물고기인 판피어류예요. 판피어류 중에서도 둔클레오스테우스는 최대 10미터까지도 자라는 커다란 몸집과 날카로운 골판 이빨 덕분에 데본기 바닷속 최강자였어요.

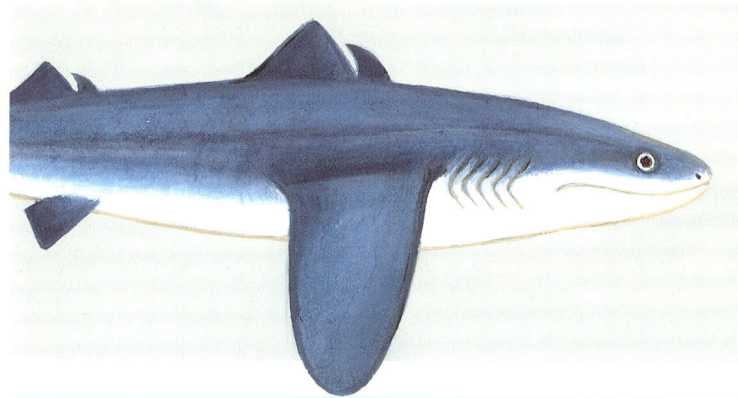

데본기가 끝났을 때 갑주어와 판피어가 멸종해 사라지기는 했지만, 이후 석탄기, 페름기까지 고생대 동안 물고기, 특히 상어는 바닷속 최강자 자리를 내준 적이 없어요. 절지동물과 두족류들은 크기가 작은 종류만 살아남았고, 이후 최상위 포식자의 자리를 되찾은 적이 없지요.

아노말로카리스, 카메로케라스, 프테리고투스, 둔클레오스테우스의 공통점은 각 시대를 대표하는 가장 크고 강한 최상위 포식자였고, 큰 환경 변화가 일어났을 때 이겨 내지 못하고 멸종했다는 거예요. "최상위 포식자는 멸종기에 살아남지 못한다."는 생명 진화의 기본 원칙 중 하나로 먹이를 많이 먹어야 하는 큰 덩치는 먹이가 풍부한 안정적인 환경에서는 유리하지만, 생존 조건이 나빠질 때에는 심각한 단점으로 작용하거든요. 그래서 크고 강한 동물이 한꺼번에 사라지는 것이 시대를 구분하는 하나의 기준이 되지요.

최초의 물고기

상어가 최초의 물고기일까요? 그건 아니에요. 상어가 나무보다 더 오래전부터 지구에 살았고, 원시적인 부분이 있기 때문에 '최초의 원시 물고기인가?' 생각할 수도 있지만, 상어는 물고기 종류 중 오히려 가장 늦게 나타난 편이에요. 그렇다면 최초의 물고기는 무엇일까요?

맨 처음 등장한 물고기는 턱이 없어 무악어류라고 불러요. 초기의 무악어류는 턱이 없을 뿐만 아니라 아가미도 완전히 생기지 않았고, 지느러미도 없었어요. 물속을 둥둥 떠다니며 동그란 입으로 물을 쭉 빨아들여 영양분을 걸러 먹었어요.

하이코우이크티스 캄브리아 초기에 살았던 척추동물로, 최초의 물고기라고 할 수 있어요. 지느러미는 제대로 발달하지 않았지만 당시에 번성했던 절지동물들보다는 빠르게 헤엄쳤을 것으로 생각해요.

아란다스피스 아란다스피스, 사카밤바스피스, 아스트라스피스는 오르도비스기에 등장한 무악어류예요.

사카밤바스피스

메타스프리기나 캄브리아 중기에 살았던 원시적인 물고기로, 완전한 척추가 있는 것은 아니어서 척삭동물과 척추동물의 중간 단계 동물로 생각하지요.

아스트라스피스

최초의 물고기가 주목받는 것은 단순히 상어의 조상이어서가 아니에요. 상어나 참치, 붕어 같은 물고기는 물론이고, 개구리, 악어, 독수리, 까치, 고양이, 다람쥐, 그리고 인간까지 지금 우리가 흔히 보는 대부분의 동물이 척추동물이고, 모든 척추동물은 지구에 처음 등장한 물고기에서 진화했거든요. 그러니까 이 '최초의 물고기'가 우리 인간의 조상이라고도 할 수 있기 때문이에요.

동물은 크게 척추(등뼈가 있는)동물과 무척추(등뼈가 없는)동물로 나뉘지만, 생물 계통 분류법으로 척추동물은 척삭동물문에 속해요. '척삭'은 척추와 달리 마디가 없는 말랑한 줄기인데, 척삭동물은 일생에 한 번이라도 이 척삭을 가지는 동물이에요. 척추동물인 인간도 엄마 배 속에서 자라는 태아 때는 척삭이 있다가 시간이 지나면서 척추로 변해요.

피카이아는 아가미나 지느러미 같은 물고기의 특징이 없는 벌레 모양의 동물로, 지금까지 발견된 척삭동물 중 가장 원시적인 형태라고 할 수 있어요. 더 발달한 척추를 지닌 하이코우이크티스보다 더 늦은 시기인 캄브리아 중기에 살아서 최초의 척삭동물은 아니지만 척추동물의 조상이 어떤 모습이었는지를 보여 준다는 점에서 중요하게 생각되지요. 과학자들은 척삭동물이 진화해 척추동물이 된 것으로 생각하거든요.

캄브리아기에 처음 등장한 무악어류는 이후 다양하게 진화했어요. 그중에서 가장 강력한 종류는 갑주어예요. 갑주어도 무악어류라 턱이 없기는 하지만 다른 물고기들에 비해 여러 무기를 가지고 있어 거의 1억 년 동안 바닷속을 장악했어요. 하지만 턱이 있는 새로운 물고기가 나타나면서 경쟁에서 밀려나 모두 사라지게 되지요. 무악어류 중 칠성장어와 먹장어 두 종류만 멸종하지 않고 지금까지 살아남았어요.

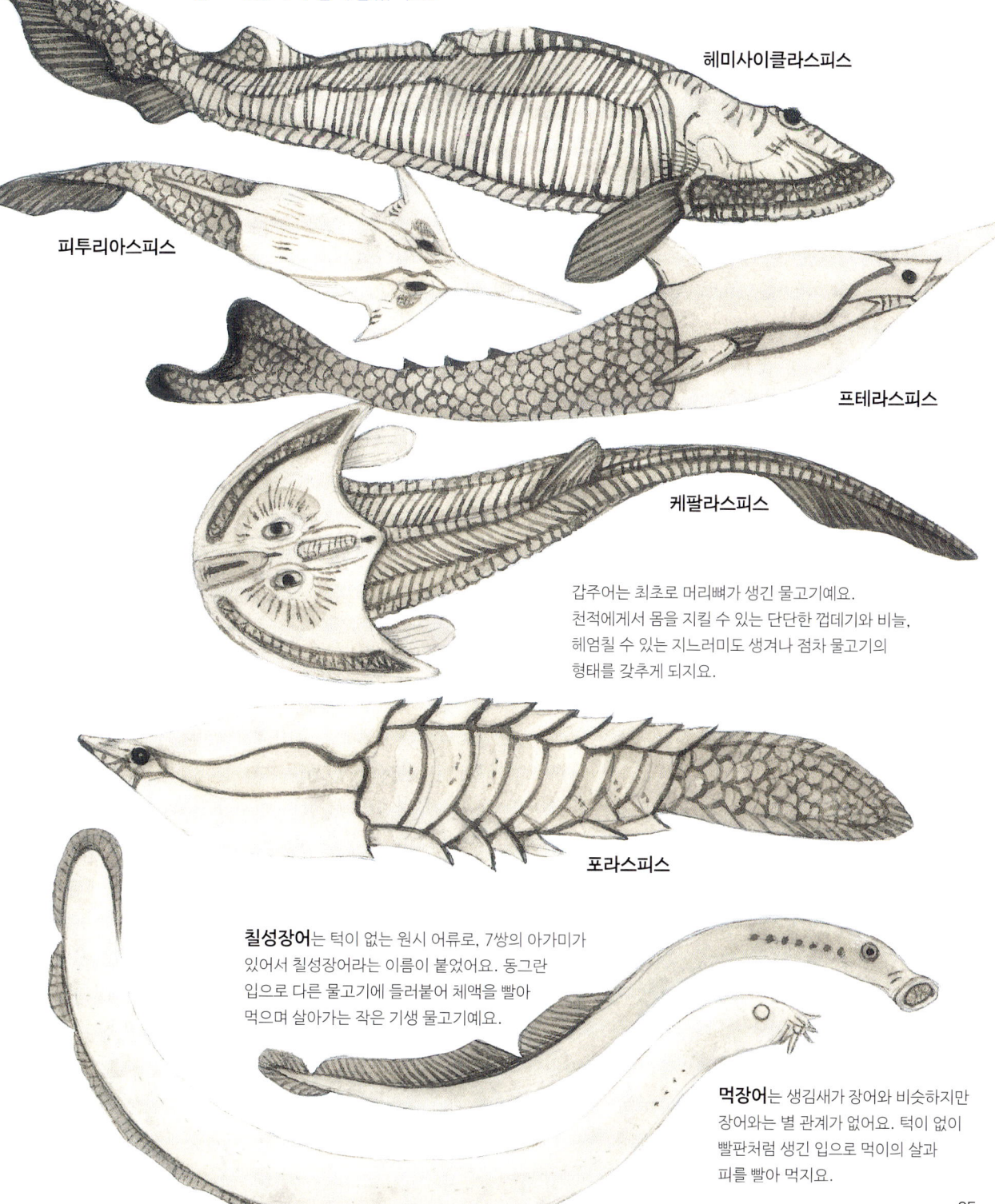

헤미사이클라스피스

피투리아스피스

프테라스피스

케팔라스피스

갑주어는 최초로 머리뼈가 생긴 물고기예요. 천적에게서 몸을 지킬 수 있는 단단한 껍데기와 비늘, 헤엄칠 수 있는 지느러미도 생겨나 점차 물고기의 형태를 갖추게 되지요.

포라스피스

칠성장어는 턱이 없는 원시 어류로, 7쌍의 아가미가 있어서 칠성장어라는 이름이 붙었어요. 동그란 입으로 다른 물고기에 들러붙어 체액을 빨아 먹으며 살아가는 작은 기생 물고기예요.

먹장어는 생김새가 장어와 비슷하지만 장어와는 별 관계가 없어요. 턱이 없이 빨판처럼 생긴 입으로 먹이의 살과 피를 빨아 먹지요.

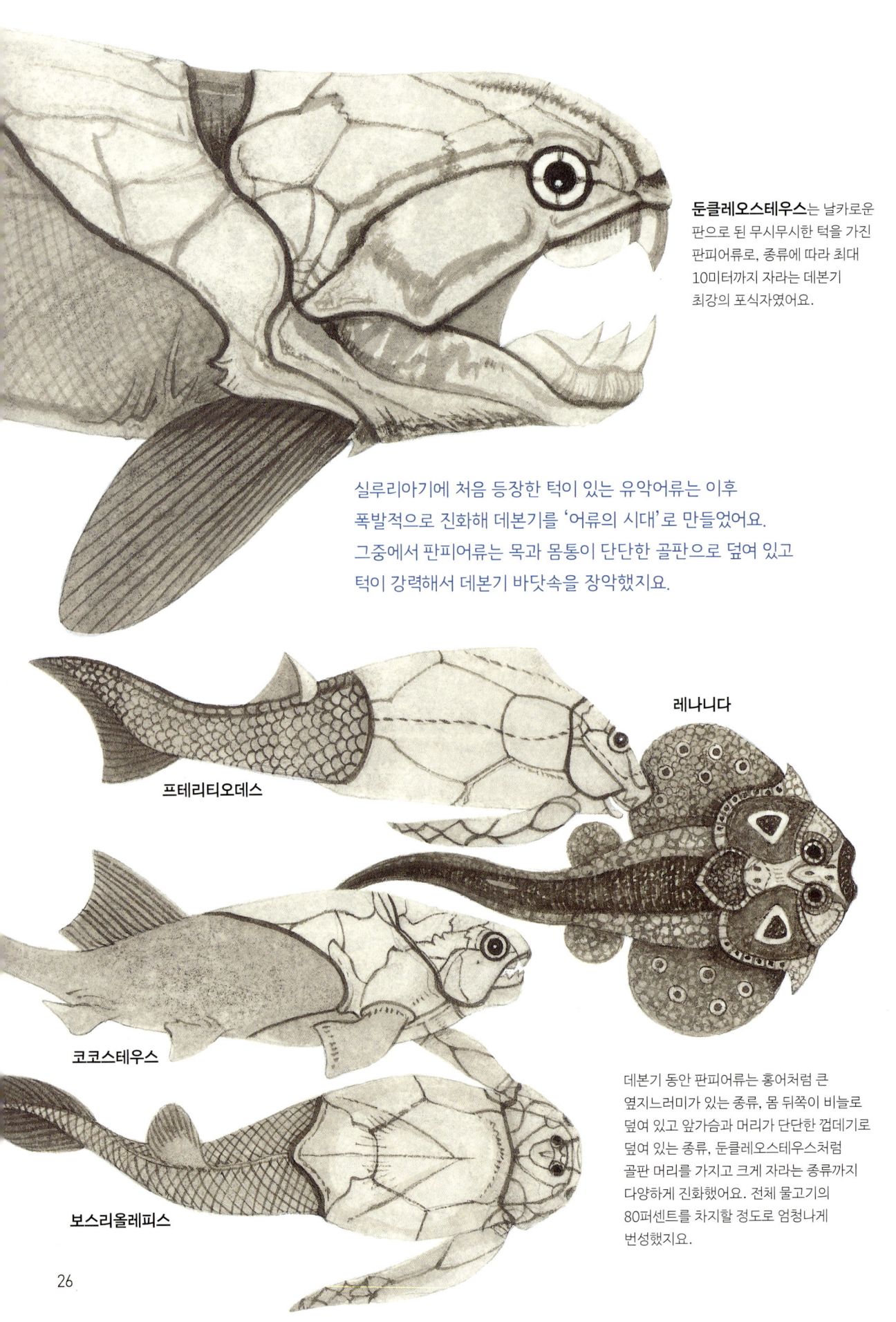

둔클레오스테우스는 날카로운 판으로 된 무시무시한 턱을 가진 판피어류로, 종류에 따라 최대 10미터까지 자라는 데본기 최강의 포식자였어요.

실루리아기에 처음 등장한 턱이 있는 유악어류는 이후 폭발적으로 진화해 데본기를 '어류의 시대'로 만들었어요. 그중에서 판피어류는 목과 몸통이 단단한 골판으로 덮여 있고 턱이 강력해서 데본기 바닷속을 장악했지요.

레나니다

프테리티오데스

코코스테우스

보스리올레피스

데본기 동안 판피어류는 홍어처럼 큰 옆지느러미가 있는 종류, 몸 뒤쪽이 비늘로 덮여 있고 앞가슴과 머리가 단단한 껍데기로 덮여 있는 종류, 둔클레오스테우스처럼 골판 머리를 가지고 크게 자라는 종류까지 다양하게 진화했어요. 전체 물고기의 80퍼센트를 차지할 정도로 엄청나게 번성했지요.

최초의 물고기는 턱이 없는 무악어류였어요. 시간이 지나고 나타난 새로운 물고기는 턱이 있는 유악어류이지요. 물고기의 종류를 나누는 기준이 '턱'인 이유가 있어요. 턱이 있다는 것은 입을 크게 벌려 '앙' 하고 큰 먹이를 물거나 먹을 수 있다는 뜻이니, 단순히 구멍만 뚫려 있는 동그란 입으로 눈에 보이지도 않는 플랑크톤을 걸러 먹는 것과는 비교할 수 없는 혁신이라고 할 수 있지요.

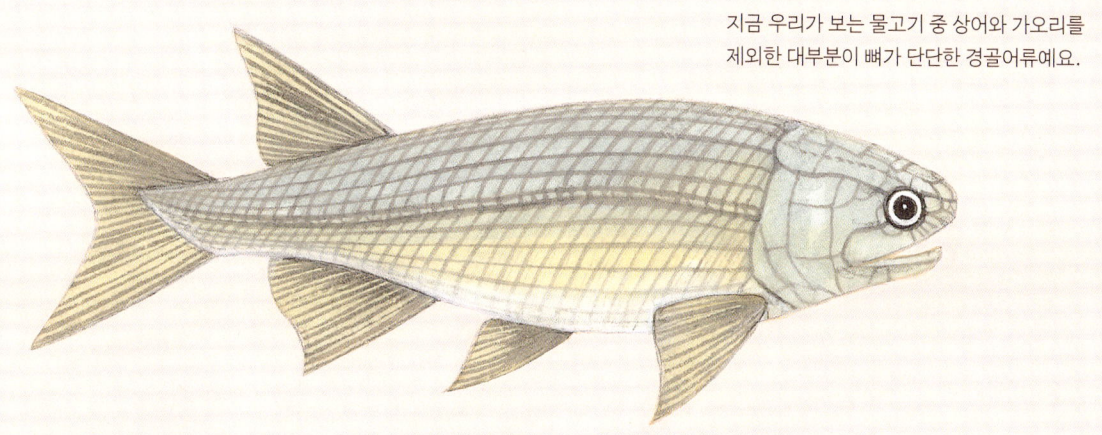

지금 우리가 보는 물고기 중 상어와 가오리를 제외한 대부분이 뼈가 단단한 경골어류예요.

판피어류가 바닷속을 가득 채울 정도로 번성하고 있을 때 또 다른 종류의 유악어류가 등장했어요. 뼈가 단단한 경골어류와 뼈가 물렁한 연골어류예요. 흔히 생각하는 것처럼 연골어류가 더 원시적이거나, 연골어류가 진화해 경골어류가 된 것은 아니에요. 이 둘은 판피어류와 같은 시기에 살았던 또 다른 유악어류에서 갈라졌을 것으로 생각하지요.

상어는 뼈가 물렁한 연골어류예요.

지구의 바닷에 최초의 물고기가 나타나고 1억 년이 흐른 뒤 드디어 상어가 등장했어요. 상어는 처음 등장했을 때부터 날카로운 이빨을 가졌을 뿐만 아니라 판피어류와 비교해 유연한 몸과 효율이 좋은 대칭형 지느러미로 빠르게 헤엄칠 수 있는 타고난 사냥꾼이었어요.

상어는 이빨이지!

상어는 처음 등장했을 때부터 육식을 하는 바닷속 포식자였어요. 빠르게 헤엄치면서 먹이를 꽉 물거나 살을 뜯어 먹는 상어에게 날카로운 이빨은 가장 중요한 무기이지요. 그래서 상어는 이빨이 무뎌지기 전에 계속 새로운 이빨이 나서 항상 날카로운 상태를 유지해요. 일생에 한 번만 새로운 이가 나는 우리와 달리 평생 동안 수천 번 이빨이 빠지고 새로 나지요.

먹이의 종류에 따라 이빨이 교체되는 기간이 다른데, 큰 먹이를 아작아작 씹어 먹어 이빨이 금세 못 쓰게 되는 상어는 빠르면 2일에 한 번씩 교체되기도 해요.

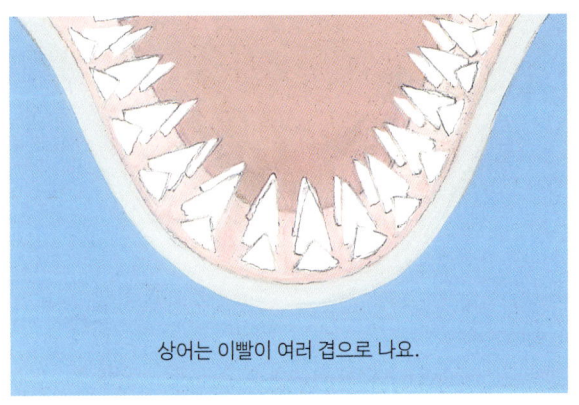

상어는 이빨이 여러 겹으로 나요.

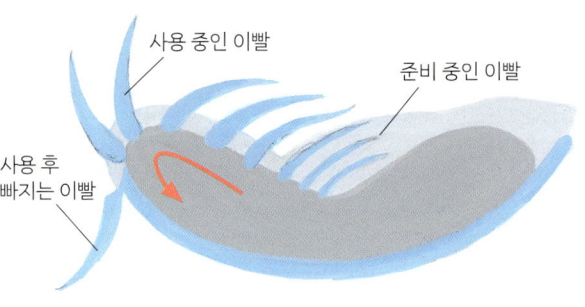

사용 중인 이빨
준비 중인 이빨
사용 후 빠지는 이빨

잇몸 뒤쪽에서 새 이빨이 나면서 앞으로 밀려 나오고 맨 앞쪽 이빨이 빠지는데, 잇몸이 턱의 바깥쪽으로 조금씩 이동하면서 이빨도 같이 이동하는 거예요.

상어가 사냥을 하고 생존하는 것과 함께 이빨이 중요한 또 다른 이유가 있어요. 연골어류인 상어는 뼈가 물렁해서 쉽게 부서지고 사라지기 때문에 화석으로 잘 남지 못하는데, 이빨은 단단하기도 할뿐더러 상어 한 마리가 1년 동안 최대 3만 개 정도의 이빨을 만들어 내고 또 100년이 넘게 사는 종류도 있어요. 그러니 발견되는 화석의 양이 엄청나게 많아서 상어 연구의 좋은 자료가 되거든요.

이빨의 크기로 지금은 사라진 상어의 크기를 짐작해 볼 수도 있어요.

메갈로돈 이빨 화석 메갈로돈은 신생대인 1600만 년 전부터 260만 년 전까지 비교적 최근에 살았던 거대 상어예요. 지금은 멸종해 사라졌지만 어른 손바닥만 한 이빨의 크기로 몸길이가 15미터 이상이고, 무게가 47톤이 넘어 웬만한 고래보다 컸을 것으로 짐작할 수가 있지요.

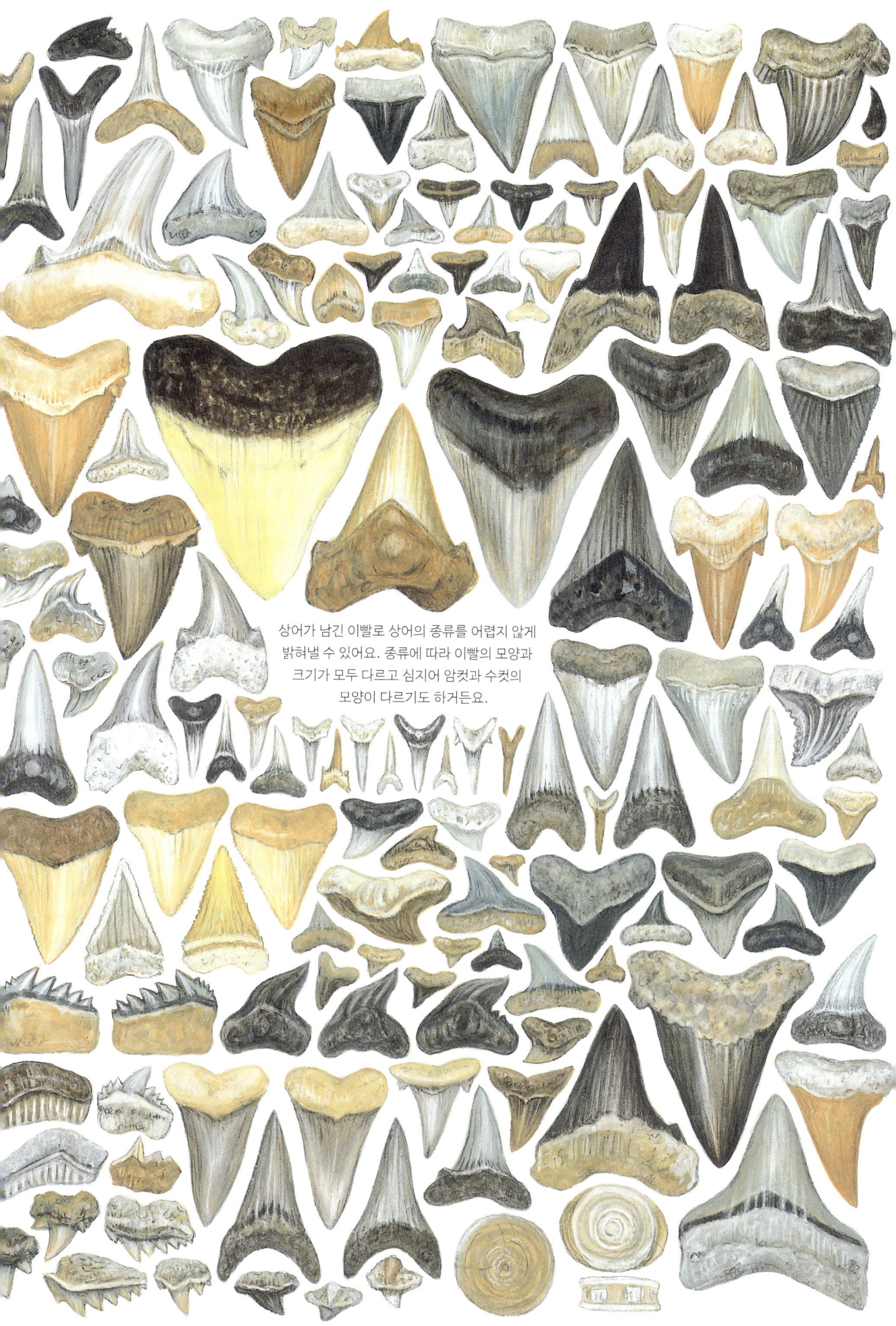

상어가 남긴 이빨로 상어의 종류를 어렵지 않게 밝혀낼 수 있어요. 종류에 따라 이빨의 모양과 크기가 모두 다르고 심지어 암컷과 수컷의 모양이 다르기도 하거든요.

상어는 쉬지 않지!

TV나 수족관에서 상어를 본 적이 있나요? 상어는 크기가 크기도 하지만 지느러미로 물을 가로지르며 멋지게 헤엄치는 모습 때문에 특히 눈에 잘 띄어요. 그런데 다른 물고기들은 가끔 산호초 속에서 잠을 자기도 하고 물속에 가만히 떠서 쉬기도 하는데, 물속에서 가만히 쉬는 상어는 거의 보지 못했을 거예요. 상어가 쉬지 않고 늘 헤엄을 치는 이유가 있어요. 다른 물고기들과 숨 쉬는 방법이 달라서 계속 움직여야만 숨을 쉴 수 있기 때문이에요.

아가미 속 여러 겹의 세엽

빗살처럼 생긴 세엽에는 산소를 흡수할 수 있는 작은 혈관들이 빼곡히 지나가요.

물속에 사는 물고기는 어떻게 숨을 쉬는 걸까요? 물고기도 우리와 똑같이 산소를 마시고 노폐물인 이산화 탄소를 내뱉으며 숨을 쉬어요. 폐를 이용해 공기 중의 산소를 마시는 우리와 달리 물고기는 물속에 녹아 있는 산소를 아가미를 통해 흡수하는 아가미 호흡을 하지요.

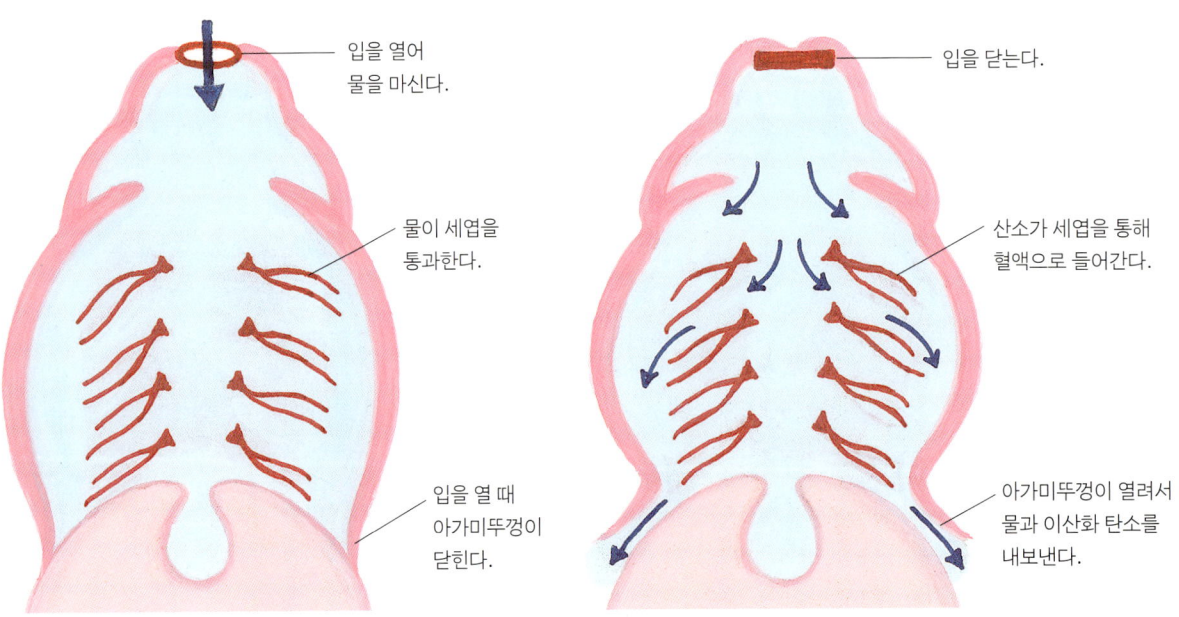

물고기들은 보통 아가미뚜껑을 이용해 물(산소)의 양을 조절할 수 있어요.

숨구멍
대부분의 상어는 눈 뒤에 숨을 쉬기 위해 물이 들어가는 숨구멍이 있어요. 일부 빠르게 헤엄치는 종은 퇴화해 사라진 경우도 있어요.

등지느러미

꼬리지느러미

제2 등지느러미

콧구멍으로는 숨을 쉬는 것이 아니라 주로 냄새를 맡아요.

뒷지느러미

배지느러미

가슴지느러미

아가미구멍
몸 옆에 난 길쭉한 여러 줄의 아가미구멍은 연골어류의 특징이에요. 상어는 다른 물고기처럼 아가미뚜껑이 없어서 아가미구멍이 바로 보이는 거예요.

연골어류인 상어의 말랑한 척추는 유연하기도 하고, 다른 동물보다 더 작고 많은 뼈로 이루어져 있어서 부드럽고도 빠르게 헤엄칠 수 있어요. 흰긴수염고래의 척추뼈는 64개인데, 백상아리의 척추뼈는 133개나 되지요.

상어는 아가미뚜껑이 없어서 직접 몸을 움직이면서 물의 양을 조절하기 때문에 계속 앞으로 나아가야만 숨을 쉴 수 있어요. 그래서 상어가 그물에 걸려서 앞으로 나아갈 수 없게 되면 물속에 있는데도 질식해 죽고 말지요.

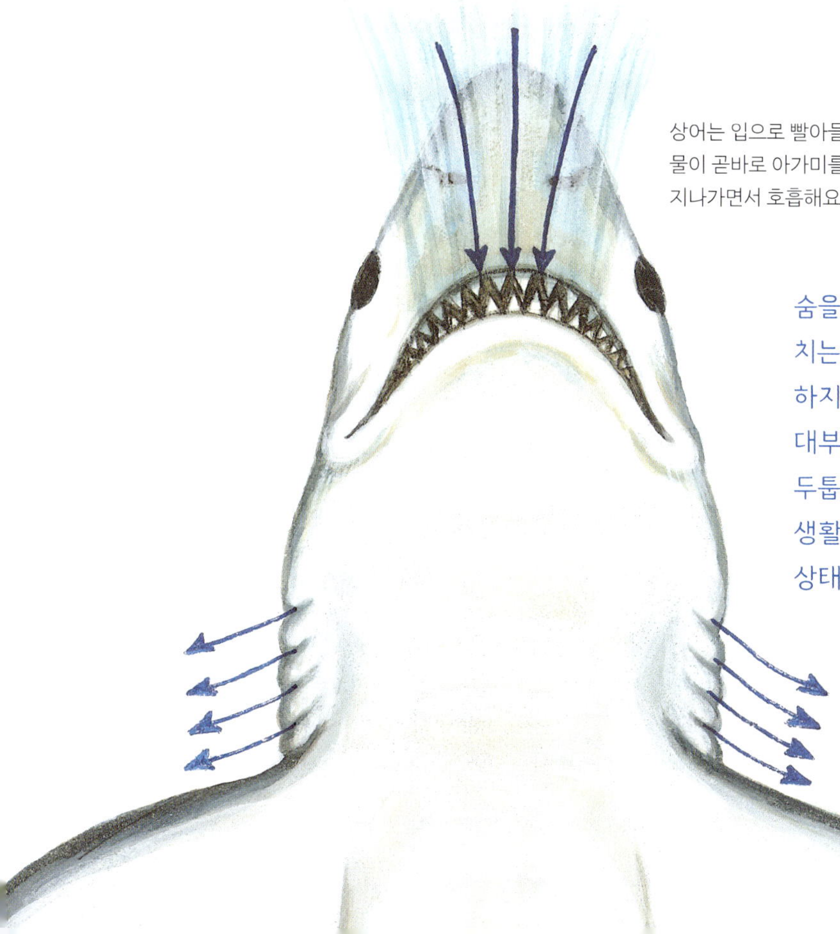

상어는 입으로 빨아들인 물이 곧바로 아가미를 스쳐 지나가면서 호흡해요.

숨을 쉬기 위해서 쉬지 않고 헤엄을 치는 것은 상어의 기본 특징이에요. 하지만 모든 상어가 그런 것은 아니에요. 대부분의 수염상어와 까치상어, 두툽상어처럼 바다 밑바닥에 붙어서 생활하는 상어 종류들은 움직이지 않는 상태에서 숨을 쉴 수 있어요.

상어가 쉬지 않고 헤엄을 치는 또 하나의 이유가 있어요. 상어에게는 부레가 없기 때문이에요. 대부분의 물고기는 몸속에 부레가 있어서 물속을 자유롭게 오르내리고, 멈춰 설 수도 있고, 앞으로 전진하지 않아도 같은 수심에 머무를 수 있지요. 하지만 부레가 없는 상어는 같은 수심에 머물려면 멈추지 않고 계속 헤엄을 쳐야 해요. 움직임을 멈추면 바닥으로 가라앉거든요.

상어도 물에 뜨기도 하고, 가라앉기도 하지요. 하지만 부레가 없어서 바닥에서 떠오르려면 사람이 수영을 하듯 에너지를 써서 자신의 몸을 움직여야만 해요.

삼치, 다랑어, 고등어는 경골어류이지만 부레가 없어요. 그래서 바다 밑바닥으로 가라앉지 않기 위해 상어처럼 쉬지 않고 헤엄을 치지요.

부레가 있는 경골어류는 에너지를 쓰지 않고 부레 속에 공기를 넣거나 빼는 것만으로 자신이 원하는 대로 물속에서 위나 아래로 정교하게 움직임을 조절할 수 있어요.

경골어류 중에서 바다 밑바닥에 붙어살거나 계속 빠르게 헤엄치는 종류는 부레가 없기도 해요. 그렇지만 부레가 있는 물고기는 모두 경골어류예요. 부레가 없는 경골어류는 있지만, 부레가 있는 연골어류는 없다는 뜻이에요.

연골어류로 상어와 가까운 친척인 가오리도 부레가 없어요.

부레의 원리

부레의 원리는 배가 물에 뜨는 원리와 같아요. 물체를 물 위에 뜨게 하는 힘을 '부력'이라고 해요. 부력은 공기와 물의 압력 차이로 생기는 힘이에요.

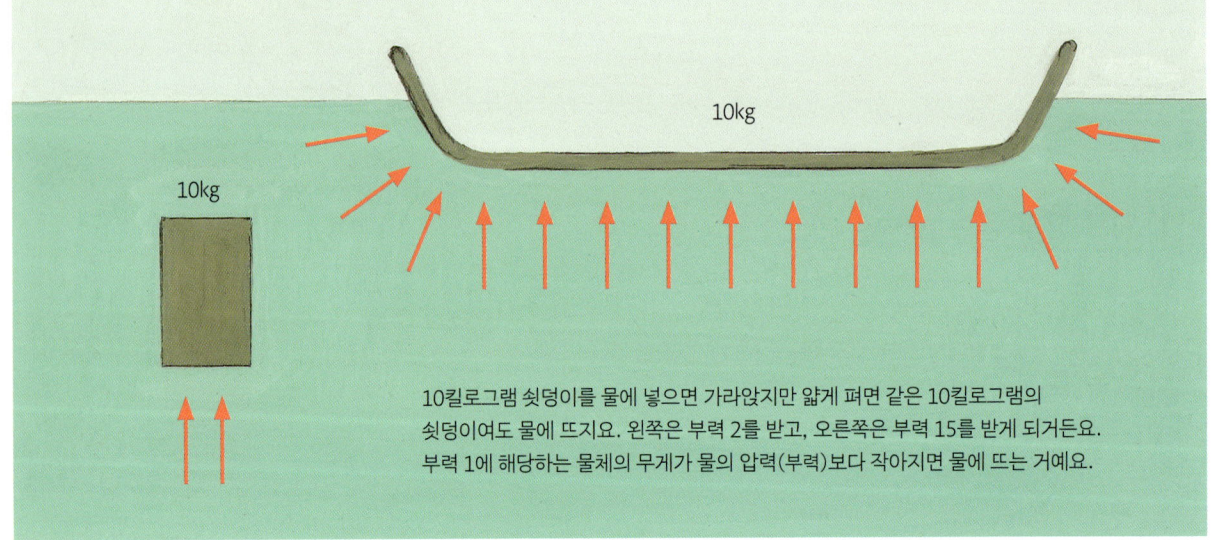

바닷물의 밀도는 1025kg/m³(킬로그램/세제곱미터)이고, 공기의 밀도는 1.28kg/m³으로, 바닷물의 밀도가 공기보다 800배 정도 커요. 그러다 보니 물과 공기가 만나는 지점에서 압력의 차이가 크게 생기고, 물이 공기 쪽으로 물체를 밀어 올리는 부력이 생기는 거예요. 그렇다고 모든 것이 다 물에 뜨는 것은 아니에요. 물에 뜨기 위한 기본 원칙은 "부력이 물체의 무게보다 크면 뜬다."예요.

10킬로그램 쇳덩이를 물에 넣으면 가라앉지만 얇게 펴면 같은 10킬로그램의 쇳덩이여도 물에 뜨지요. 왼쪽은 부력 2를 받고, 오른쪽은 부력 15를 받게 되거든요. 부력 1에 해당하는 물체의 무게가 물의 압력(부력)보다 작아지면 물에 뜨는 거예요.

공기와 물의 압력 차이가 부력을 만든다는 것이 기본 원리이고, 물체의 부피를 늘려 물과 닿는 면적을 키우거나, 소금물처럼 물 자체의 압력을 높이거나, 물체의 무게를 가볍게 하는 등 압력의 차이를 만드는 방법은 여러 가지예요.

달걀이 맹물에서는 가라앉지만 소금물에서는 뜨는 것은 달걀의 무게보다 소금물의 부력이 더 커서예요. 소금물에는 소금이 들어 있으니 같은 양의 물보다 무게가 더 무겁고, 더 무겁다는 것은 압력과 밀도가 더 크다는 뜻이에요. 그래서 민물보다 바닷물에서, 얕은 물보다는 깊은 물에서 더 잘 뜨는 거예요.

부레는 앞뒤가 구분되도록 중간이 잘록한 풍선 같은 공기 주머니예요.
물고기는 부레를 이용해 부력을 자유롭게 조절하지요.

위쪽으로 움직일 때는 머리 쪽 부레 주머니를 키워서 머리 쪽 부력을 크게 하고, 아래쪽으로 향할 때는 뒤쪽 주머니를 키워요.

부레 속에 공기를 넣어 부풀리면 풍선처럼 부피는 커지고 몸의 밀도는 줄어들어서 몸이 위쪽으로 떠오르지요. 부레 속 공기를 빼면 부력이 줄어들어 아래쪽으로 가라앉아요.

잠수함이 물속에서 오르내리는 것도 물고기의 부레와 같은 원리예요.

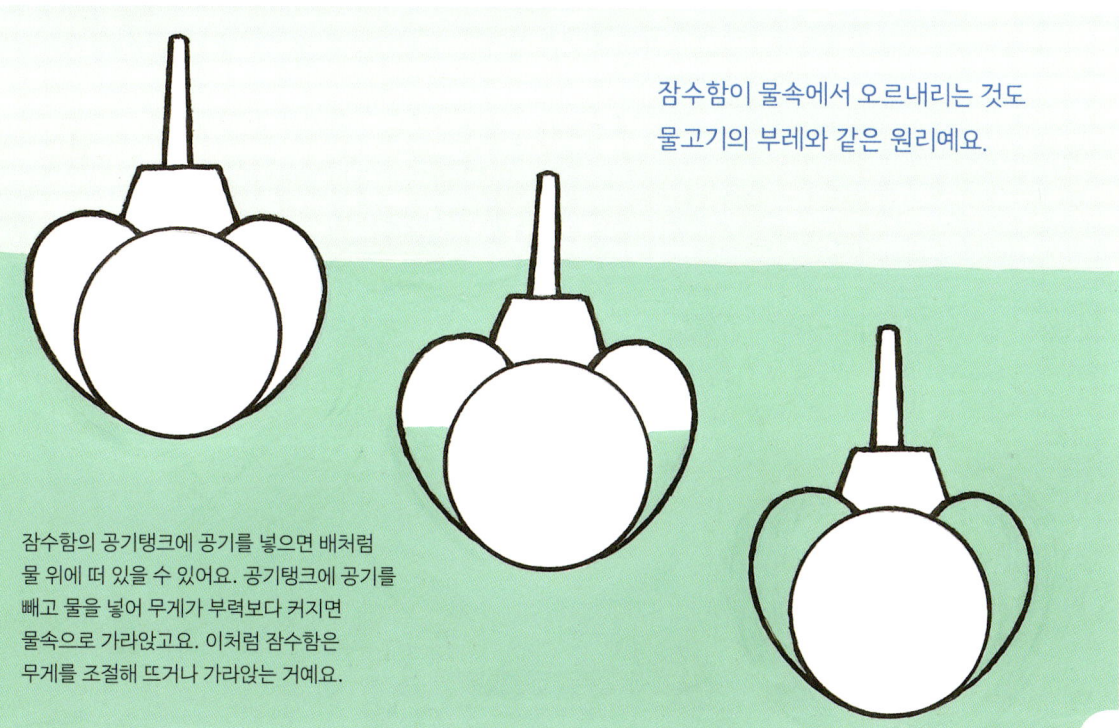

잠수함의 공기탱크에 공기를 넣으면 배처럼 물 위에 떠 있을 수 있어요. 공기탱크에 공기를 빼고 물을 넣어 무게가 부력보다 커지면 물속으로 가라앉고요. 이처럼 잠수함은 무게를 조절해 뜨거나 가라앉는 거예요.

왜 상어는 부레가 없을까요?

물속에서 생활하는 데 꽤 유용하고, 대부분의 물고기에게 있는 부레가 왜 상어에게는 없을까요? 부레는 폐와 기원이 같은 기관이에요. 바다에서 살았던 물고기가 육지에서 사는 모든 척추동물의 조상이니, 물고기의 부레가 육지 동물의 폐로 진화했을 거라고 생각하기 쉽지요. 그런데 부레 이야기는

그렇게 단순하지 않아요. 놀랍게도 폐가 진화해 부레가 된 것이거든요.

물고기의 부레 속에는 바다에서 밀려나 민물로 향했던 물고기, 민물에서도 밀려나 완전히 낯선 곳인 육지로 나섰던 물고기, 어려운 시절을 견디고 다시 바다로 돌아온 물고기, 힘들지만 자신의 자리를 끝까지 지켜 낸 물고기까지 생존을 위해 고군분투했던 물고기들의 여러 사연이 담겨 있어요.

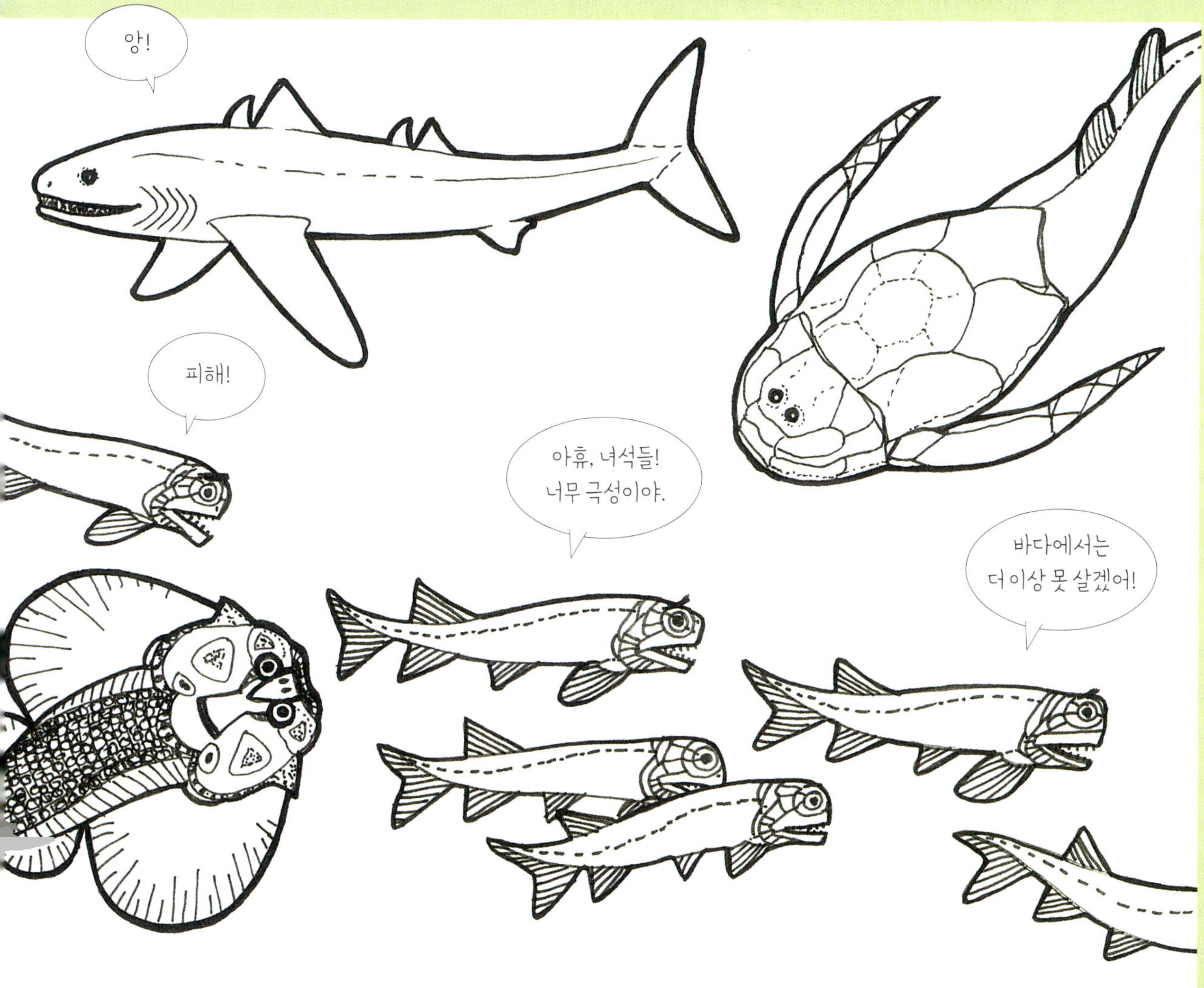

연골어류와 경골어류가 처음 등장했을 때의 바다로 돌아가 볼까요? 둘은 새로운 유악어류로 이전 물고기들에 비해 지느러미 배열이나 호흡의 효율 등이 훨씬 좋아서 더 쉽고 빠르게 헤엄칠 수 있었어요. 하지만 크기도 클뿐더러 수도 많았던 판피어들이 이미 바닷속을 완전히 장악하고 있었지요. 타고난 사냥꾼이었던 연골어류 상어는 그럭저럭 적응해 나갔지만, 크기도 작고 힘도 없었던 경골어류는 경쟁에서 이겨 내기가 힘들었어요.

부레 이야기의 주인공은 당연히 경골어류이지요. 부레는 경골어류에게만 있으니까요. 폐가 진화해서 부레가 되었다면 부레가 생기기 전 경골어류에게 폐가 있었다는 얘기인데, 아가미로 호흡하는 물고기에게 왜 폐가 있었던 걸까요?

연골어류인 상어는 바다에 남았지만 경골어류는 바다를 떠났어요. 경골어류가 바다에서 밀려나 강이나 호수 같은 민물에 자리를 잡던 데본기 후기는 지구의 육지에 이전과는 다른 새로운 생태계가 거대하게 만들어지던 때였어요. 처음으로 등장한 나무 모양의 식물이 키가 20미터 넘게 자라면서 물가 주변으로 빽빽이 숲을 이루었지요. 새로운 육지 환경은 강이나 호수의 환경에도 변화를 주었어요. 나무들이 돌덩이를 부수어 흙을 만들었고, 흙과 함께 죽은 식물의 뿌리, 잎, 씨앗, 이끼 같은 영양분 덩어리가 물속으로 쏟아져 들어왔어요. 이렇게 영양분이 풍부해진 물속은 조류와 플랑크톤으로 가득 찼어요.

경골어류에게는 먹잇감은 넘쳐 나고 천적은 없는 천국 같은 환경이라고 할 수 있겠지만 문제가 없는 것은 아니에요. 강이나 호수 또는 늪과 같은 얕은 물은 커다란 바다에 비해 주변 환경에 훨씬 민감할 수밖에 없지요. 가물어서 물이 부족해지거나, 너무 덥거나, 물속에 부유 물질이 많거나, 녹조가 심해지거나 하는 등의 여러 이유로 물속의 산소가 부족한 상황이 수시로 생겨났어요. 먹이가 아무리 많아도 숨을 쉴 수 없으면 생존할 수 없으니까요.

너희도 나처럼 공기를 마셔 봐.

으, 너무 숨 막혀!

물속에서 아가미 호흡만으로 생존에 필요한 산소를 얻기가 힘들어지자, 공기에서라도 산소를 공급받아야 했던 경골어류가 폐를 만들어서 공기 호흡을 하게 되지요. 식도의 한 부분이 부풀어 올라 폐가 되었어요.

물고기가 폐를 만들어 공기를 호흡하는 것이 대단히 신기한 일은 아니에요. 지금도 얕은 물에 사는 많은 종류의 물고기들이 수면 위로 입을 내밀고 공기를 마시거든요.

미꾸라지와 메기는 장 호흡을 해요. 소화 기관 중 식도가 변한 것이 폐라면, 장 호흡은 소장이 호흡 기능을 하는 경우예요.

가물치

붕어

붕어와 가물치는 마구 얽혀 미로처럼 생겼다고 미로 기관이라고도 부르는 래버린스 기관으로 공기 호흡을 하지요. 아가미 위쪽에 있는 래버린스 기관은 아가미 일부가 변한 거예요.

메기

미꾸라지

경골어류는 조기어류와 육기어류 두 종류예요. 둘은 뼈가 단단해서 경골어류로 한데 묶여 있지만 지느러미나 머리뼈, 비늘의 구조 등 여러 특징이 달라서 다른 계통에서 따로 진화한 것으로 여겨져요. 지금 지구에 있는 척추동물 중 절반은 바다와 민물에 사는 물고기이고, 이 물고기의 90퍼센트 이상이 조기어류예요. 나머지도 상어와 가오리 같은 연골어류이지요. 그렇다면 육기어류는 모두 어디로 간 것일까요?

'조기'는 줄기 지느러미라는 뜻이고, '육기'는 근육으로 된 지느러미라는 뜻이에요. 이름으로 보아도 알 수 있듯이 조기어류와 육기어류의 가장 큰 차이점은 지느러미예요.

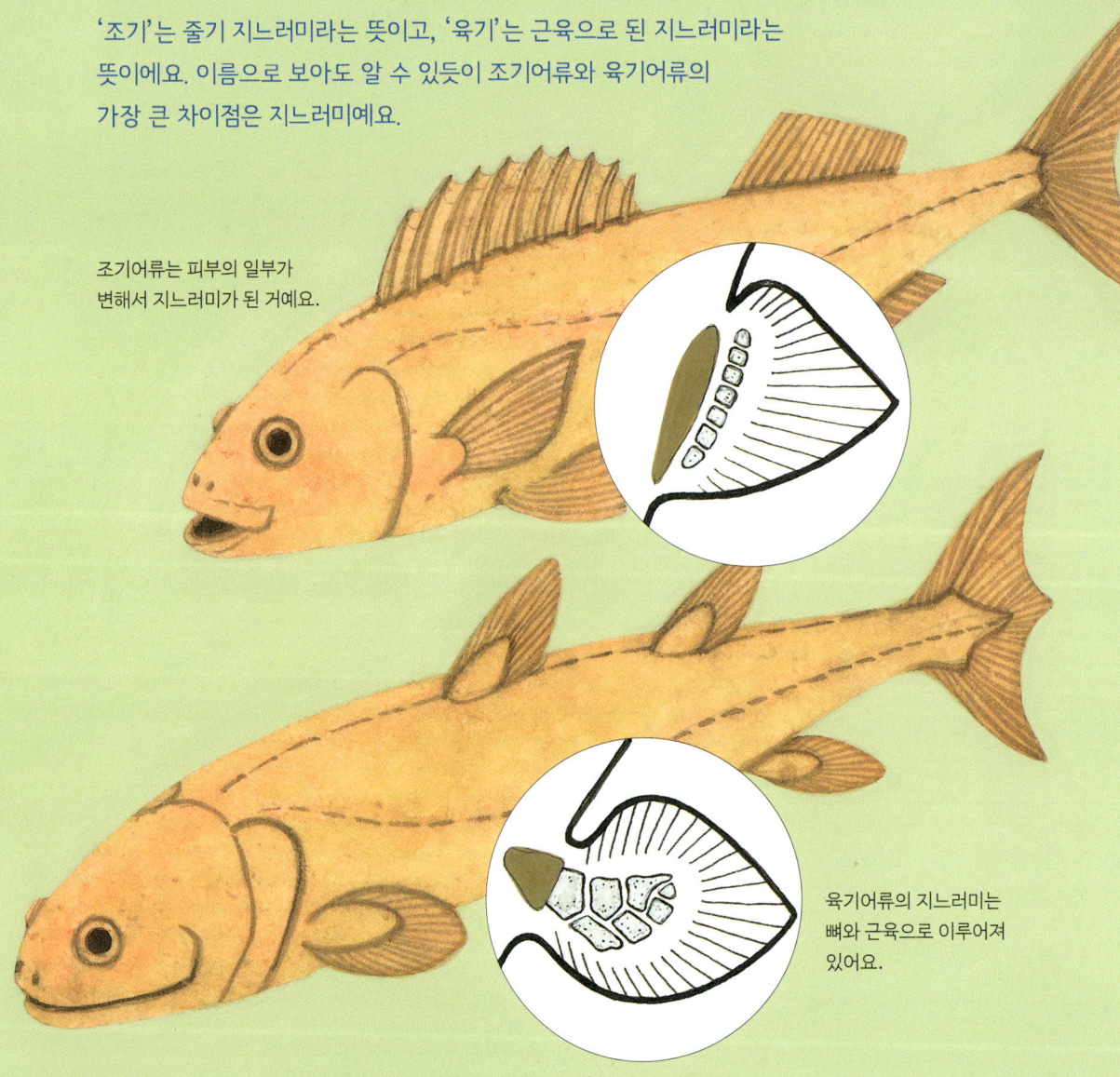

조기어류는 피부의 일부가 변해서 지느러미가 된 거예요.

육기어류의 지느러미는 뼈와 근육으로 이루어져 있어요.

육기어류는 지느러미 안에 뼈대가 있고 뼈에 근육도 붙어 있어요. 이런 지느러미는 한 번에 낼 수 있는 힘은 강하지만 오랫동안 헤엄을 치는 데는 불리해요. 그래서 육기어류는 조기어류보다 수영 실력이 떨어졌고, 처음부터 경쟁에서 많이 밀렸어요.

조기어류에게도 밀려난 육기어류가 살아가던 곳은 민물 중에서도 가장 얕은 물이라 날이 가물면 바닥이 드러나고, 너무 얕아서 지느러미가 바닥에 닿는 곳이었어요. 물가에 빽빽이 난 나무에서 떨어진 나뭇잎과 수초, 흙이 뒤섞여 늘 뿌연 물속에서 부유물을 헤치며 천적을 피해 몸을 숨기기도 하고, 먹이를 찾기도 했지요. 넓은 물에서 헤엄칠 일이 없으니 지느러미가 점차 필요 없어졌어요.

물의 가장자리, 물과 육지가 닿는 곳에서 살던 육기어류는 조금씩 물과 육지를 넘나들고, 이 웅덩이에서 다른 웅덩이로 옮겨 가며 살았어요. 이미 폐가 있어서 공기 호흡을 할 수 있었고 수초를 헤치던 발이 있으니 잠깐 발을 디디고 땅 위를 기어가는 것이 그리 어렵지는 않았을 거예요.

저쪽 웅덩이에 먹을 것이 많은 것 같아.

이쪽은 물이 거의 없어.

근육질 지느러미가 팔다리(사지)로 변한 육기어류가 양서류로 진화한 물고기인데, 어류와 양서류의 중간 단계로 생각해 '사지형 어류'라고 부르지요. 이들은 팔다리가 있지만 아직은 '물고기'라서 땅 위에서 제대로 걷거나 뛰지는 못했어요. 그렇지만 육지에는 아직 사지형 어류를 공격할 만한 크기의 척추동물은 하나도 없었으니 미숙한 움직임이 크게 문제가 되지 않았지요. 대신 먹이가 될 만한 작은 벌레는 수없이 많았을 테니, 아무도 가 본 적 없는 육지로 모험의 길을 떠나 볼 만했을 거예요.

에우스테놉테론(3억 8500만 년 전)
아직 물속에 살았지만 지느러미 안에 현재의 네발 동물들이 가지고 있는 뼈들이 있어요.

판데리크티스(3억 8000만 년 전)
지느러미 끝에 갈라진 뼈들이 있어서 지금의
네발 동물의 발가락에 해당하는 구조를 보여 주는 첫 번째 동물이에요.
물속보다는 얕은 진흙탕에서 살기가 더 적합했을 것으로 보여요.

틱타알릭(3억 7500만 년 전)
물고기의 특징인 아가미와 비늘이 있지만 목이 생기고, 머리 위쪽에 눈이 있고,
손목처럼 움직일 수 있는 관절도 있어요. 물에서 주로 살면서 물이 말랐을 때 다른
웅덩이를 찾아 땅을 기어갔을 거예요. 지금의 망둑어처럼 움직였을 것으로 생각해요.

팔다리만 있다고 육지에서 생활할 수 있는 것은 아니에요. 사지형 어류의 몸은 육지 동물로 진화하기 위한 신체 변화가 여러 면에서 나타나요. 육지의 중력을 이겨 내기 위해 척추뼈가 튼튼해지고, 폐나 심장을 보호해 줄 수 있는 갈비뼈도 생겨났어요. 수면 위 주변을 살피기 위해 목이 생겼고, 눈은 머리 위쪽으로 옮겨 갔어요.

조기어류는 물에 남았고, 육기어류는 물을 떠났어요. 그래서 지금 우리가 보는 물고기 중 육기어류가 거의 없는 거예요. 육기어류가 판피어류나 연골어류, 조기어류에게까지 밀리고 또 밀려서 결국 진짜로 새로운 '땅'을 찾아 떠나면서 물을 떠난 첫 번째 척추동물이 되었고, 모든 척추동물의 조상이 된 거지요.

페데르페스(3억 4800만 년 전)
역시 물에 살던 사지형 어류로, 완전한
육지 생활을 하지는 못했을 것으로 짐작해요.
하지만 양서류의 조상일 가능성이 높은
동물이라고 생각하지요.

아칸토스테가(3억 6500만 년 전)
겉으로 보기에는 완전한 모양의 발이 있지만, 갈비뼈와 아가미의 모양으로 보아 물속에서 생활했고
육지를 걷지는 못했을 것으로 생각해요. 아칸토스테가의 사지를 보면 팔다리가 처음부터 걷기 위해
만들어진 게 아니라는 것을 알 수 있어요. 복잡하고 지저분한 물속의 건더기를 '헤치고 다니기 위해'
필요했을 것으로 여겨지지요.

익티오스테가(3억 7400만 년 전)
잘 발달된 발이 있지만, 물고기처럼 꼬리도 있고
아가미도 있어요. 육지에서 살 수는 없었을 것으로 생각해요.

사지형 어류는 모두 가까운 친척지간이에요. 늘어놓고 보면 어류와 양서류의
여러 중간 단계를 보여 주지요. 그렇다고 이들이 순서대로 진화한 것은 아니에요.
직접적인 선조와 후손이라기보다는 가까운 사촌들이라고 볼 수 있어요.

데본기 말은 두 번째 대멸종기였어요. 대멸종기는 지구의 모든 생물들이 생존의 위협을 받는 시기이지만 데본기 때는 특히 바다 생태계에 가혹했어요. 데본기가 끝날 무렵 바닷속에는 갑주어와 판피어가 모두 멸종해 사라졌고, 그 흔하던 삼엽충과 산호도 거의 사라졌거든요. 바닷속이 텅 비다시피 했던 때에 조기어류는 바다로 돌아왔어요. 대멸종기의 혼란한 상황과 환경이 어느 정도 정리된 뒤 조기어류는 안정적인 깊은 바다에서 더 이상 필요 없어진 폐를 헤엄치는 데 유용한 기관인 부레로 바꾸고 온 바다를 차지하게 되었지요.

폐가 부레가 된 것이니 부레가 있는 물고기는 민물에서 폐로 숨 쉬던 물고기가 바다로 되돌아왔다는 얘기예요. 부레가 없는 상어는 바다를 떠난 적이 없다는 뜻인 거지요. 이것이 상어에게 부레가 없는 이유예요.

육기어류는 물을 떠났다고 했지만, 육지로 떠나지 않고 물에 남았던 육기어류가 전혀 없었던 것은 아니에요. 하지만 처음부터 조기어류보다 불리한 면이 많았기 때문에 대부분 멸종했고, 실러캔스 2종과 폐어 6종 정도가 지금도 살고 있어요.

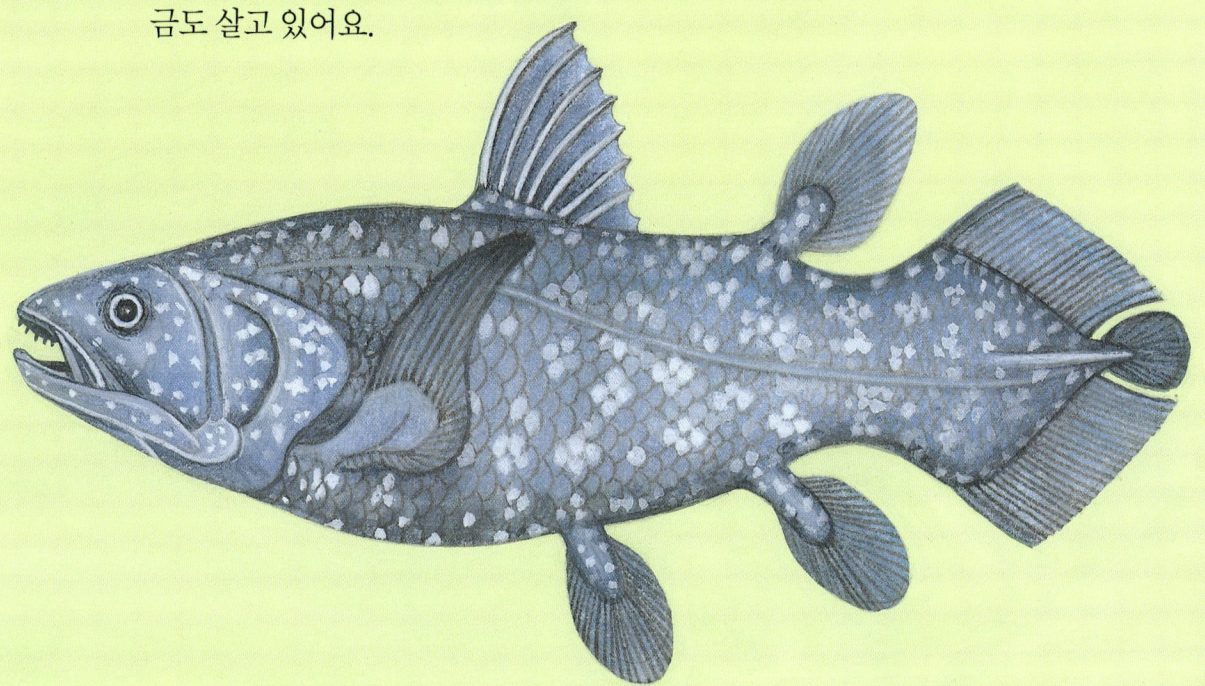

실러캔스는 3억 년 전 처음 등장했고, 그 후 2억 년 남짓 화석으로 발견됐어요. 중생대 백악기를 마지막으로 더 이상 화석이 발견되지 않아 멸종했다고 생각했지만 20세기에 아프리카 심해에서 살아 있는 실러캔스 여러 마리가 발견됐지요. 쥐라기 이전까지는 바다, 민물, 습지 등 다양한 환경에서 살았지만 쥐라기 이후 모두 멸종하고 깊은 바다에 사는 일부만 살아남은 것으로 생각해요.

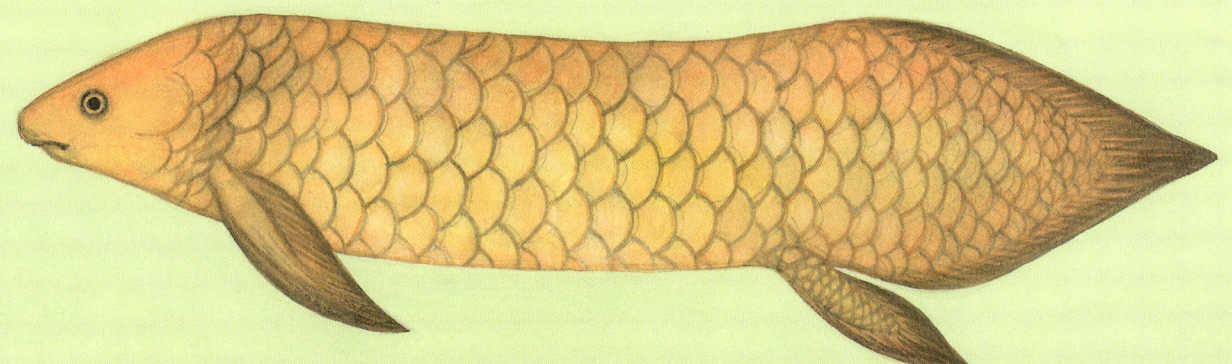

폐어는 남반구에 사는 민물고기로, 이름 그대로 '폐가 있는 물고기'예요. 얕은 물에 살면서 물이 충분한 우기에는 아가미로 숨을 쉬고, 건기가 되어 물이 없으면 폐로 숨을 쉬지요. 과학자들이 처음 폐어를 발견했을 때 폐로 숨을 쉬는 것을 보고 폐어가 육지 동물의 조상이라고 생각했어요. 하지만 지금은 이미 데본기에 육지 척추동물의 조상과 갈라선 육기어류로 분류하지요. 중생대까지 번성했으나 모두 사라지고 지금은 6종만 남았어요.

부레 이야기가 모두 끝난 지금, 지구 전체 척추동물의 절반은 물고기(어류)예요. 그중에서 무악어류인 칠성장어와 먹장어, 연골어류인 상어와 가오리 정도를 제외한 거의 모든 물고기가 경골어류인 조기어류이지요. 시간이 조금 걸리기는 했지만 결국 경골어류가 바다를 거의 차지했다고 할 수 있어요.

그런데 경골어류가 차지한 것이 바다만은 아니에요. 사실은 경골어류가 지구 전체를 장악했다고 할 수도 있어요. 양서류, 파충류, 조류, 인간과 바다에서 살고 있는 고래가 포함된 포유류까지, 육지의 모든 척추동물은 물을 떠난 경골어류인 육기어류의 후손이니까요.

그 많던 판피어는 어디로 간 것일까요?

데본기 말, 민물에서 살던 조기어류는 물고기의 85퍼센트에 이를 정도로 번성했던 판피어류가 모두 사라진 바다로 돌아왔어요. 조기어류가 떠나 있던 동안 바다에서는 무슨 일이 있었던 걸까요? 지구의 생물 종 50퍼센트 이상이 한꺼번에 사라지는 일을 대멸종이라고 하고 지금까지 지구에는 다섯 번의 대멸종이 있었어요. 데본기 말은 그중 두 번째 대멸종 사건이 일어난 때이고, 이때에 눈에 보이는 크기의 생물 종 80퍼센트가 사라졌는데 그 대부분이 바다 생물이었어요.

대규모 화산 폭발이나 조산 활동, 대륙 이동과 소행성 충돌까지 대멸종이 발생하는 원인은 다양해요. 데본기 대멸종은 유독 그 원인이 분명치 않은데, 보통 몇십만 년에 걸쳐 일어나는 다른 멸종기와 달리 거의 2000만 년에 이르는 긴 시간에 걸쳐 진행되었거든요. 그래서 한두 가지 결정적인 이유가 아니라 여러 가지가 복합적이고 연쇄적으로 일어났을 것이라고 생각하지요. 특히 지구가 생긴 이후 처음으로 등장해 모든 대륙을 빠르게 채운 육지의 식물들이 데본기 기후 변화에 큰 역할을 했을 것으로 여겨져요.

나무뿌리는 땅속의 돌덩이를 부수어 고운 흙으로 만들어요. 흙과 함께 주변 영양분이 바다로 쏟아져 들어가고, 풍부한 먹이 덕분에 플랑크톤과 조류가 엄청나게 번식하면서 바닷속은 녹조나 적조로 가득 차 산소가 부족해지지요.

바닷속 산소 부족으로 힘들어하던 바다 생물들은 이번에는 급격한 기후 변화를 겪어야 했지요. 식물이 광합성을 통해 엄청난 속도로 이산화 탄소를 먹어 치우면서 대기 중 이산화 탄소가 줄어들어 온실 효과가 사라지고 지구는 점차 추워졌거든요.

지구는 표면적의 75퍼센트가 바다예요. 아무리 환경이 좋지 않다고 해도 바다가 이렇게 크고 넓은데 생물이 쉽게 멸종한다는 것이 이상하게 생각될 수도 있어요. 바다가 넓다고 해도 생물의 95퍼센트 이상은 육지와 가까운 얕은 바다에서 살아가기 때문에 얕은 바다가 급격히 오염되거나 사라지면 90퍼센트의 바다 생물에게 영향을 줄 수 있는 거예요.

칼레도니아 조산 운동으로 만들어진 칼레도니아산맥은 지금의 스칸디나비아반도, 스코틀랜드, 캐나다 동부, 미국의 애팔래치아까지 이어지는 거대한 산맥이에요.

살기 좋은 얕은 바다가 사라지는 일이 실제로 일어났어요. 4억 5000만 년 전 적도 부근의 대륙과 섬에 둘러싸여 따뜻하고 얕은 바다였던 이아페투스해는 데본기 동안 대륙들이 서로 가까워지면서, 데본기 말에는 완전히 사라졌어요. 바다가 사라지고 나서도 땅은 계속 솟아올라 높은 산맥이 되었고, 대륙의 위치도 북극 쪽으로 옮겨 갔어요.

얕은 바다 중에서도 특히 산호초 주변에 바다 생물 25퍼센트가 모여 살아요. 맑은 바다에서 광합성을 하는 산호는 녹조나 적조 때문에 바닷물이 탁해져 햇빛이 들지 않으면 하얗게 변하는 백화 현상이 일어나며 죽고 말아요. 산호가 죽으면 수많은 바다 생물들이 삶의 터전을 잃고 생태계가 곧바로 망가지지요.

엄청나게 번성했던 판피어류도 나무가 만들어 낸 바닷물 속 산소 부족과 기후 변화, 대륙 이동으로 점차 사라지는 바다 등 데본기 후기에 일어난 여러 가지 환경 변화에 적응하지 못하고 결국 모두 멸종하게 된 거예요.

고대의 상어들

경골어류가 바다와 민물, 그리고
육지를 오가며 성공적으로 진화하는
동안 상어는 바다를 지켰어요. 부레가
없는 상어가 경골어류에 비해 원시적이라거나
부족하다는 생각이 드나요? 하지만 이것을 다시 생각해
보면 상어는 경쟁에 밀려 바다를 떠나지 않아도 될 만큼,
또 같은 시간, 같은 공간을 살았던 갑주어나 판피어가 모두
멸종할 정도의 어려운 환경도 이겨 내고 살아남을 만큼
강한 물고기였다는 의미이기도 해요.

오랜 시간 바다를 지켰다고 해서 상어가 처음 모습 그대로 살아온 것은 아니에요. 상어도 당연히 진화를 거듭했어요. 지금까지 지구에서 살았던 상어의 종류는 찾아낸 것만 3000여 종으로, 800여 종인 공룡과 비교해서도 훨씬 많아요.

상어가 아니야!

의외로 많은 사람들이 상어와 고래가 비슷한 종류의 동물이라고 생각해요. 둘 다 다른 물고기들에 비해 덩치가 크기도 하고, 물 위로 지느러미를 드러내고 헤엄치는 모습도 비슷해서인 것 같아요. 하지만 상어는 물고기(어류)이고, 고래는 어류가 아닌 포유류이니 완전히 다른 동물이에요. 그래서 가장 큰 물고기는 고래가 아닌 거예요. 상어 중에서 가장 큰 고래상어는 바다에서 가장 큰 '물고기'이고, 고래 중에서 가장 큰 흰긴수염고래는 바다에서 가장 큰 '동물'이라고 하는 게 맞아요.

상어도 새끼를 낳기는 하지만 고래처럼 새끼에게 젖을 먹이면서 돌보지는 않아요. 또 상어는 물고기이기 때문에 아가미구멍이 있지만 고래는 폐로 숨을 쉬는 포유류이기 때문에 아가미가 없어요. 둘은 꼬리지느러미 모양과 헤엄치는 방법도 전혀 달라요.

고래는 아가미구멍도 없고, 배지느러미도 없어요. 물고기인 상어는 꼬리지느러미가 세로로 서 있고, 꼬리를 좌우로 흔들며 헤엄을 치는 반면 고래는 꼬리지느러미가 가로로 누워 있고 꼬리를 위아래로 흔들며 헤엄을 치지요.

고래를 옆에서 본 모습

상어를 옆에서 본 모습

빨판상어의 머리 위 빨판은 등지느러미가 변형된 것이에요. 빨판에는 20~28개의 주름이 있어서 압력으로 달라붙기 때문에 쉽게 떨어지지 않지요. 입 모양도 아래턱이 위턱보다 튀어나와 있어서 흘리는 먹이를 받아먹기 좋게 생겼어요.

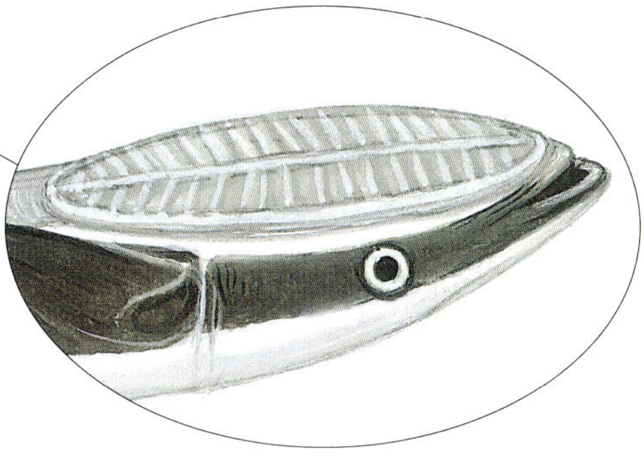

빨판상어 대부분의 상어와 가오리는 계속 헤엄을 치면서 먹이를 먹는데, 그러다 보니 흘리는 찌꺼기가 많지요. 빨판상어는 이들을 쫓아다니며 몸에 달라붙어 있다가 이들이 흘리는 먹이를 받아먹어요. 주로 상어나 가오리에게 달라붙지만 고래나 거북, 심지어 자신보다 큰 빨판상어에게 달라붙기도 해요.

빨판상어와 철갑상어는 이름에 상어가 들어 있지만 상어가 아니에요. 둘 다 뼈가 딱딱한 경골어류로, 연골어류인 상어와는 전혀 다른 물고기이지요. 빨판상어는 상어와 붙어 다녀서, 철갑상어는 원시적인 생김새 때문에 상어라는 이름이 붙은 거예요.

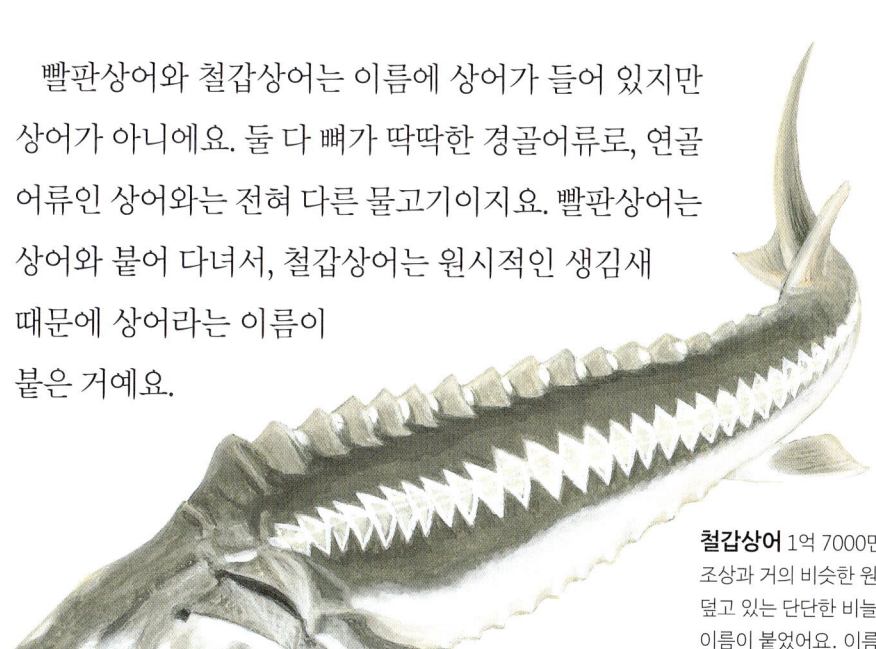

철갑상어 1억 7000만 년 전부터 살았던 조상과 거의 비슷한 원시적인 생김새와 몸을 덮고 있는 단단한 비늘 때문에 철갑상어라는 이름이 붙었어요. 이름처럼 강하고 사납게 생겼지만 실제로는 이빨도 없는 입으로 바다나 민물에 사는 지렁이나 조개, 죽은 물고기 등을 빨아들여 먹고 사는 온순한 물고기예요.

상어의 종류

상어는 바닷속 최고 포식자로서 4억 년이 넘는 시간을 지구에서 살아온 영리하고도 노련한 사냥꾼이에요. 오랜 시간 동안 여러 환경과 조건을 경험하며 살아온 만큼 크기와 생김새, 사는 곳, 먹이 등 특징과 생태가 매우 다양해요. 현재 우리와 함께 살고 있는 상어는 470여 종이지만, 해마다 새로운 종이 발견되기도 하고, 분류학적으로 다시 정리되기도 하기 때문에 대략적인 숫자로 생각하면 돼요.

지금까지 알려진 상어는 8목 28과 470종이에요. 크게는 8종류로 나뉜다는 뜻이에요. 그런데 흉상어목에 함께 묶여 있는 청새리상어와 귀상어는 생김새가 전혀 달라요. 상어의 '목'을 나누는 기본적인 기준은 등지느러미, 뒷지느러미의 개수와 아가미구멍의 개수예요.

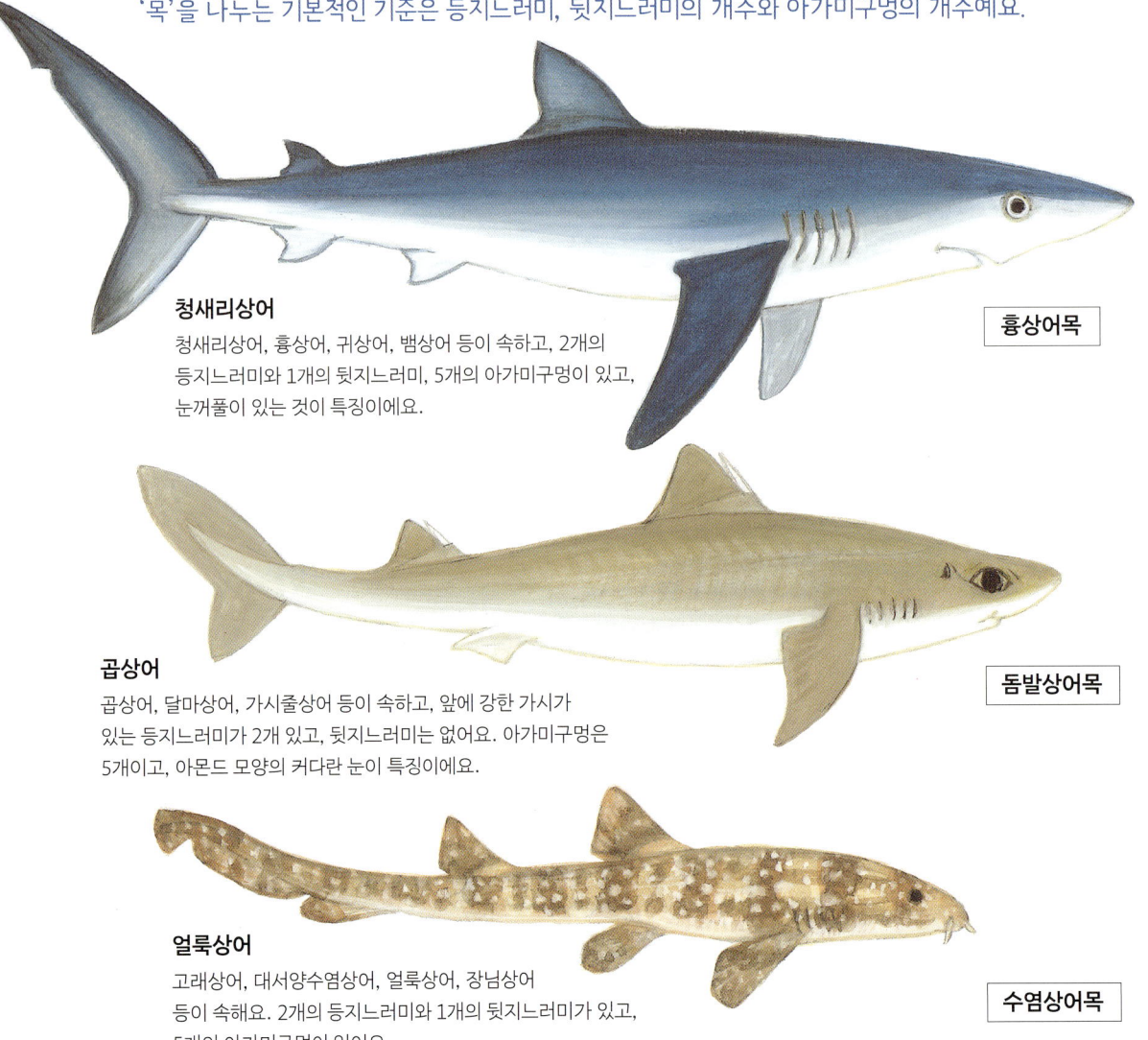

청새리상어
청새리상어, 흉상어, 귀상어, 뱀상어 등이 속하고, 2개의 등지느러미와 1개의 뒷지느러미, 5개의 아가미구멍이 있고, 눈꺼풀이 있는 것이 특징이에요.

흉상어목

곱상어
곱상어, 달마상어, 가시줄상어 등이 속하고, 앞에 강한 가시가 있는 등지느러미가 2개 있고, 뒷지느러미는 없어요. 아가미구멍은 5개이고, 아몬드 모양의 커다란 눈이 특징이에요.

돔발상어목

얼룩상어
고래상어, 대서양수염상어, 얼룩상어, 장님상어 등이 속해요. 2개의 등지느러미와 1개의 뒷지느러미가 있고, 5개의 아가미구멍이 있어요.

수염상어목

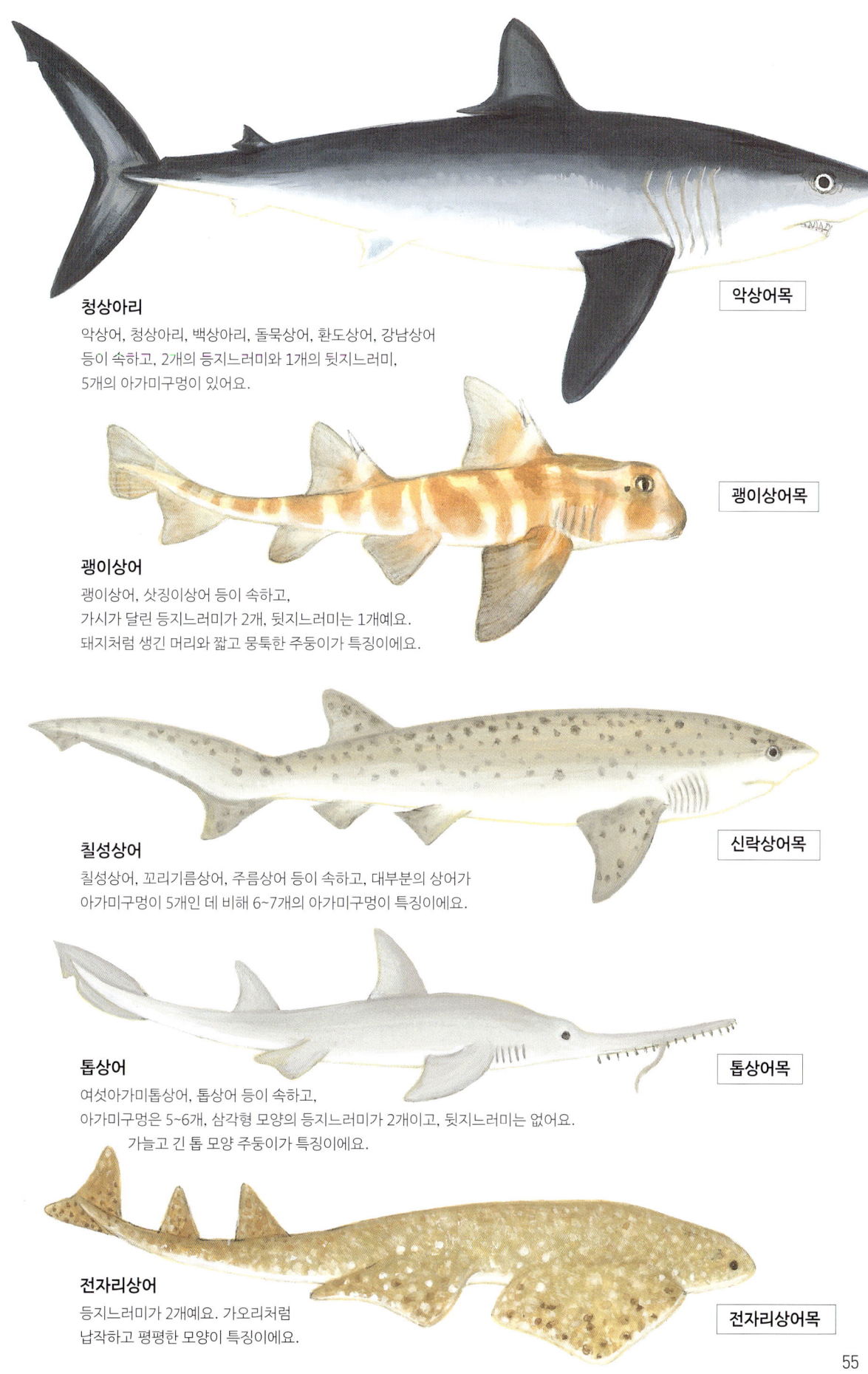

청상아리   악상어목
악상어, 청상아리, 백상아리, 돌묵상어, 환도상어, 강남상어 등이 속하고, 2개의 등지느러미와 1개의 뒷지느러미, 5개의 아가미구멍이 있어요.

괭이상어   괭이상어목
괭이상어, 샷징이상어 등이 속하고,
가시가 달린 등지느러미가 2개, 뒷지느러미는 1개예요.
돼지처럼 생긴 머리와 짧고 뭉툭한 주둥이가 특징이에요.

칠성상어   신락상어목
칠성상어, 꼬리기름상어, 주름상어 등이 속하고, 대부분의 상어가 아가미구멍이 5개인 데 비해 6~7개의 아가미구멍이 특징이에요.

톱상어   톱상어목
여섯아가미톱상어, 톱상어 등이 속하고,
아가미구멍은 5~6개, 삼각형 모양의 등지느러미가 2개이고, 뒷지느러미는 없어요.
가늘고 긴 톱 모양 주둥이가 특징이에요.

전자리상어   전자리상어목
등지느러미가 2개예요. 가오리처럼
납작하고 평평한 모양이 특징이에요.

누구보다 빠르지, **청상아리**

상어는 뼈가 말랑해 몸이 잘 휘는 특성이 있어서 뼈가 단단한 물고기들보다 더 유연하게 수영할 수 있어요. 또 큰 근육과 지느러미 덕분에 빠르게 헤엄을 치지요. 그중에서도 청상아리는 시속 74킬로미터 속도로 헤엄치고, 순간적으로는 시속 100킬로미터까지도 속도를 낼 수 있어서 상어 중에서도 가장 빠른 녀석이에요. 참치나 청새치처럼 빠르게 헤엄치는 물고기들도 문제없이 공격해 잡아먹는 바다의 대표적인 사냥꾼이지요.

온대와 아열대의 따뜻한, 육지와는 멀리 떨어진 바다에서 살아가요. 가장 강하다고 알려진 백상아리와 가까운 친척으로 힘이 강하고, 빠르며 이빨도 크지요.

악상어목 최대 4m

유연한 몸, 강한 근육과 함께 상어가 남다른 수영 실력을 갖추게 된 비결은 바로 비늘이에요. 상어의 비늘은 이빨과 같은 구조라서 '피치(피부 치아)'라고도 불러요. 다른 물고기들과 기원과 구조가 전혀 다르지요. 이런 형태의 비늘을 '방패 비늘'이라고 하는데, 상어를 비롯한 연골어류는 모두 방패 비늘이 나 있어서 갑옷을 입은 것처럼 몸을 단단하게 보호하면서도 헤엄을 칠 때 물의 저항을 줄여 주어 누구보다 빠르게 헤엄칠 수 있는 거예요.

방패 비늘은 상어의 종류, 그리고 몸의 부위에 따라서 모양과 크기가 천차만별이에요.
전형적인 방패 비늘은 '바람에 누운 나뭇잎 모양'인데,
평평한 사각형 판에 몸 뒤쪽을 향해 돌기가 나 있어
꼬리에서 머리 쪽으로 만지면 매우 거칠거칠해요.

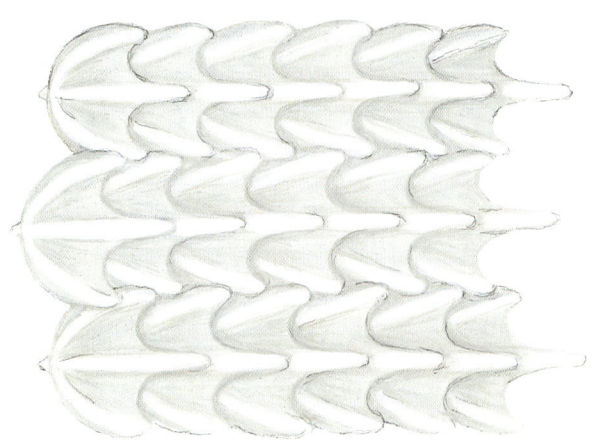

물체가 물속에서 움직이면 표면에 작은 소용돌이가 일어나며 수영 속도가 느려져요. 방패 비늘의 작은 돌기는 소용돌이를 몸의 표면에서 떨어뜨리고, 표면에 물이 따라 흐를 수 있는 골을 만들어 물의 저항을 줄여 주어요. 그래서 속도는 빨라지고, 소음이나 잡음도 적어져 먹잇감을 향해 조용히 움직일 수 있지요.

방패 비늘

물고기의 비늘은 부드러운 몸을 보호하고, 몸 표면을 매끄럽게 만들어 물속에서 잘 헤엄칠
수 있게 해 주지요. 그리고 미끄러운 점액이 있어서 기생충이나 질병을 막는 역할도 해요.

굳비늘 철갑상어 같은 일부 원시적인 경골어류는 서로 얽혀 갑옷을 이루는 두꺼운 마름모꼴 비늘이 나 있어요. 이런 비늘은 튼튼하지만 유연성이 부족하지요.

뼈비늘 대부분의 물고기는 유연한 비늘이 뒤쪽으로 자라면서 지붕의 기와처럼 일부분이 겹치는 모양이에요.

내가 가장 무섭지, **백상아리**

<죠스>에 등장하는 사람을 공격하는 무서운 상어가 백상아리예요. 가장 유명하고 많이 알려진 상어라고 할 수 있지요. 실제로는 영화에서처럼 사람을 공격하는 경우는 많지 않지만 물개, 돌고래, 오징어, 바다거북, 바닷새 등 눈에 보이는 것은 다 잡아먹는, 바다에서 범고래 정도를 빼고는 대적할 상대가 없는 가장 무시무시한 최강의 포식자인 것은 맞아요. 물고기 중에서 다섯 손가락에 꼽힐 만큼 크기도 큰 데다 강력한 턱과 이빨로 커다란 먹이도 토막 낼 수 있거든요.

백상아리가 속한 악상어목에는 역사상 가장 큰 상어였던 메갈로돈이나 바다의 치타로 불리는 청상아리 등 지구상에서 가장 강력하기로 유명한 상어들이 속해 있어요. 백상아리는 의외로 더위에 약해 열대 바다가 아닌 조금 차가운 냉온대 바다를 좋아해요.

악상어목 최대 6m

상어는 번식 방법도 다른 물고기들과 달라요. 알을 낳는 '난생', 새끼를 낳는 '태생', 그리고 몸속에서 알을 부화한 뒤 키워서 새끼를 낳는 '난태생', 이렇게 세 가지 방식으로 번식을 하지요. 대부분의 물고기가 암컷이 알을 낳고 수컷이 그 위에 정자를 뿌리는 체외 수정을 하는 것과 달리 상어는 암수 상어가 직접 짝짓기를 하는 체내 수정을 해요. 알을 낳는 난생의 경우에도 수정된 수정란을 낳는 거예요.

알 주머니에 달린 실 같은 끈으로 바위나 해초에 알을 붙여요.

알 주머니 안에서 한 달 정도 자란 새끼

40퍼센트 정도의 상어가 알을 낳는 난생(괭이상어, 두톱상어, 황소상어 등)을 해요. 수정란을 단단한 알 주머니에 넣어 바닷물에 휩쓸려 가지 않도록 바위틈이나 해초에 붙여요. 보통 6~12개월 정도 시간이 지난 뒤 새끼가 알 주머니에서 나와요.

난태생과 태생은 새끼를 낳는 것이어서 겉으로는 똑같아 보이지요. 태생(개상어, 흉상어, 귀상어 등)은 난황낭 태반을 통해 어미에게서 직접 영양분을 받는 것이고, 난태생은 어미 몸속에서 부화한 태아가 자궁 안의 무정란이나 자신보다 약한 형제를 잡아먹으며 자라는 거예요.

난태생을 하는 타우니보모상어

무정란을 양껏 먹은 태아는 배가 아주 불룩해요. 다 자라면 배가 줄어들고 40~50센티미터 크기로 엄마 몸속에서 나오지요.

타우니보모상어의 태아는 알에서 깨어 난 뒤 자궁 속에서 무정란들을 먹으며 자라요.

알에서 갓 태어 난 태아는 자신의 난황(노른자)에서 영양분을 얻어요.

자신의 난황을 다 흡수한 태아는 자궁 속에서 수영을 하며 무정란을 찾아 먹어요.

난태생을 하는 악상어목(백상아리, 비만상어, 샌드타이거상어, 모래뱀상어 등) 상어들은 알에서 먼저 깨어 난 태아가 자신보다 늦게 깨어 나 크기가 작은 형제들을 잡아먹으면서 자라지요. 형제를 잡아먹는 것이 잔인하다고 생각할 수도 있지만, 적은 수의 새끼를 잘 키워서 생존 확률을 높이는 번식 방법이에요. 상어는 고래와 달리 새끼를 돌보지 않는다고 하는데, 사실은 몸속에서 최대한 돌본 뒤 성숙한 상태로 내보낸다고 하는 게 맞을 거예요.

백상아리의 새끼는 1.5미터 정도로, 이빨까지 난 어른과 똑같은 모습으로 크기만 작게 태어나고, 태어나자마자 바로 사냥을 할 수 있어요. 몸집이 작은 어릴 때는 새우나 물고기 같은 작은 먹이를 먹기 때문에 이빨이 뾰족하다가 어른이 되면 삼각형 모양이 되지요.

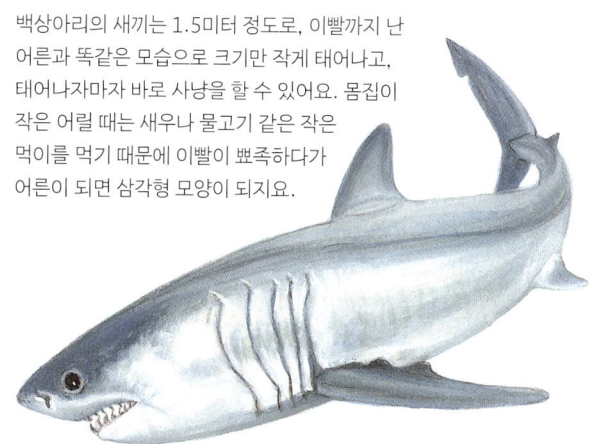

나보다 특이하게 생긴 물고기는 없을걸? **귀상어**

흉상어목 최대 1.8m

흉상어목에 속하는 귀상어는 머리 모양만 빼면 흉상어와 모든 면이 닮았는데, 망치 모양의 머리 때문에 같은 크기의 상어와 비교해 콧구멍과 눈 사이가 훨씬 멀지요.

상어는 후각이 매우 예민해서 사냥하는 데 후각을 많이 사용해요. 콧구멍 사이가 먼 귀상어는 좌우에서 나는 냄새의 강도 차이를 느껴서 냄새가 나는 방향을 정확히 알 수 있어요. 상어 중에서도 먹이를 찾는 능력이 가장 뛰어난 편이지요.

좌우 눈 사이도 멀어서 두 눈으로 동시에 보면, 먹이와의 거리를 정확하게 잴 수 있어요. 또 특이한 머리 모양 때문에 거의 360도에 이르는 시야를 가져서 주위를 둘러보는 데도 유리하지요.

지구에 사는 2만 5000여 종 물고기 중에서 가장 특이하게 생긴 것은 귀상어일 거예요. 머리가 망치 모양이어서 영어로는 'Hammerhead Shark(망치머리상어)'라고 부르고, 우리나라에서는 귀처럼 튀어나와 있다고 '귀상어'라고 부르지요. 귀상어는 생긴 것은 희한하지만 여러 가지 뛰어난 능력을 가진 상어예요. 1600만 년 전에 등장했던 거대 상어인 메갈로돈이 멸종해 사라진 데 반해, 귀상어는 4000만 년 전에 등장했지만 지금도 살아 있다는 것만으로도 자신의 뛰어난 생존 능력을 이미 증명했다고 볼 수 있지요.

가오리를 좋아하는 귀상어는 가오리를 발견하면 넓적한 머리로 바닥에 눌러서 잡아먹어요.

귀상어는 머리가 넓적하면서도 양옆으로 늘어져 있어서 로렌치니 기관도 더 넓게 분포되어 있어요. 그래서 다른 상어들보다 전기 감지 능력도 더 뛰어나지요. 진흙이나 모래 속에 숨어 있어 보이지 않는 먹이도 동전을 찾는 금속 탐지기처럼 머리로 더듬어 찾아낼 수 있어요.

상어는 사냥을 하는 포식 동물이어서 후각과 시각이 예민하게 발달해 있어요. 여기에 다른 물고기에게는 없는 특별한 감각이 하나 더 있는데, 바로 전기 감지 능력이에요. 상어와 가오리는 주둥이 쪽 코 앞에 '로렌치니 기관'이라고 부르는 작은 점이 수백 개나 있는데, 이곳으로 주변에 흐르는 미세한 전류를 느낄 수 있어요.

살아 있는 동물은 가만히 있을 때도 반드시 근육을 움직이기 때문에 몸에 약하게라도 전류가 흐르지요. 그래서 소리나 냄새가 없는 모래나 진흙 속이라도 상어는 로렌치니 기관을 이용한 예민한 감각으로 먹이를 찾아낼 수가 있는 거예요.

귀상어는 7종이 알려져 있는데 머리 돌출부의 크기에 따라 삽귀상어, 망치귀상어, 곡괭이귀상어로 크게 나누기도 해요.

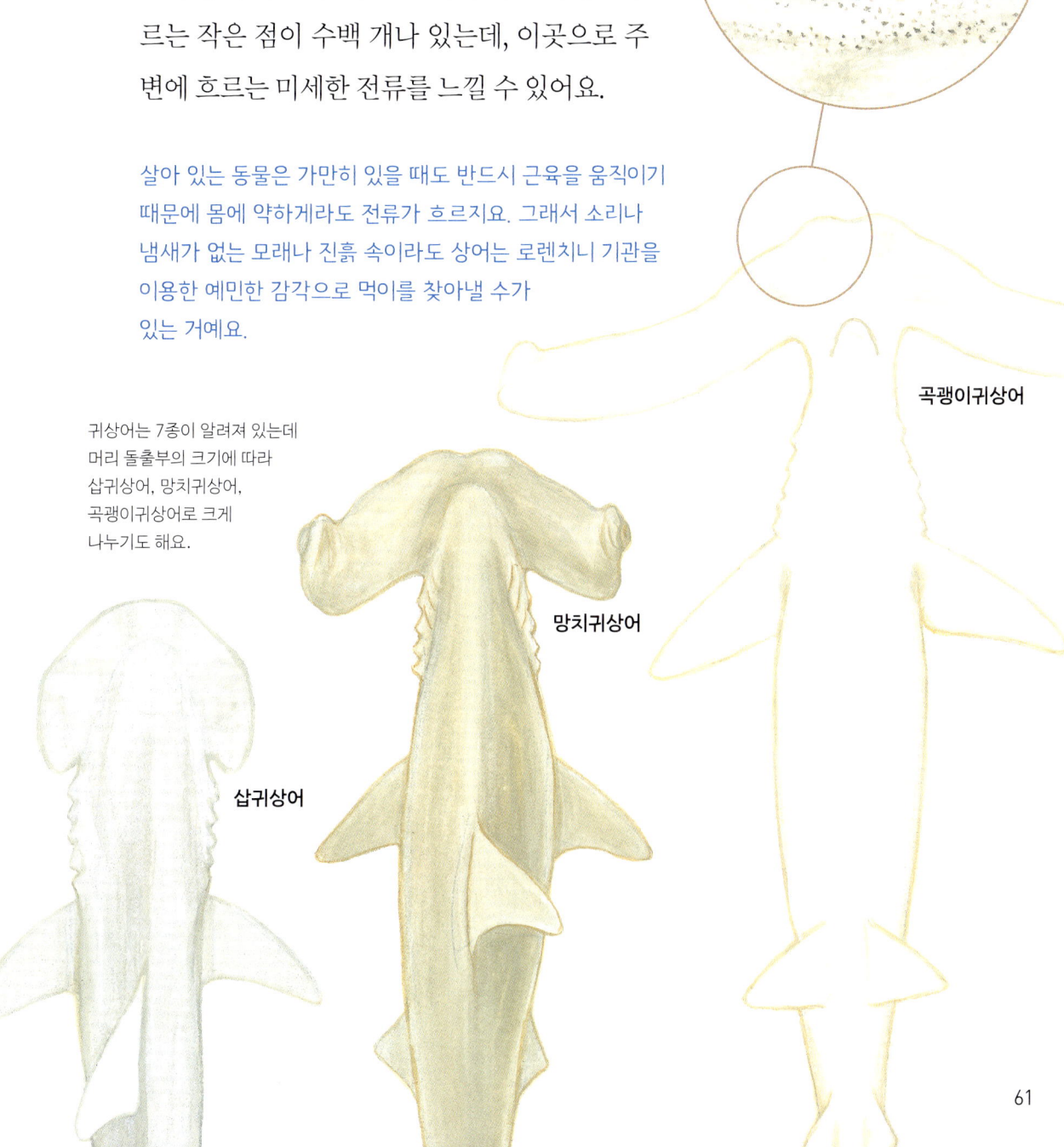

곡괭이귀상어

망치귀상어

삽귀상어

나도 특이하게 생겼다고!
톱상어, 전자리상어

톱상어는 종류가 10종 정도 알려져 있는데, 아가미가 5개인 톱상어속과 아가미가 6개인 여섯아가미톱상어속 두 종류로 분류되지요.

톱상어는 주둥이가 길어서 로렌치니 기관이 넓게 분포하기 때문에 전기 감지 능력이 뛰어난 편이에요. 주둥이 중간에 콧수염처럼 매달려 있는 긴 수염으로 먹잇감을 탐지한다고 해요.

톱상어목 최대 2m

귀상어도 특이하게 생겼지만 귀상어 못지않게 특이하게 생긴 상어가 바로 톱상어예요. 톱니 모양 이빨이 줄지어 난 가늘고 긴 주둥이를 보면 톱상어라는 이름이 붙은 이유를 바로 알 수 있지요. 날카로운 이빨로 꽉 깨물어서 먹잇감을 사냥하는 다른 상어들과 달리 톱상어는 긴 주둥이를 휘둘러서 먹잇감을 죽이거나 주둥이로 진흙 속을 파헤쳐서 작은 동물들을 잡아먹어요.

상어는 사는 곳과 먹이에 따라 생김새와 생활 방식이 천차만별이에요. 먼바다를 빠르게 헤엄치는 상어는 몸이 유선형이지만 산호초나 모래 바닥에 오래 머무르는 상어는 몸이 납작하거나 길어요. 그래서 톱상어나 전자리상어는 한눈에 보아도 바닥에 붙어서 살거나, 느리게 움직이며 생활한다는 것을 알 수 있지요.

전자리상어는 가슴지느러미가 양옆으로 넓게 뻗어 있어서 헤엄을 칠 때 천사의 날개처럼 보인다고 해서 영어로는 'Angel Shark(천사상어)'라고 불러요.

종 수가 가장 적은 상어인 전자리상어도 상어치고는 특이하게 생겼어요. 가오리처럼 납작하게 생겨서 가오리로 착각하는 경우가 많아요. 보통 생긴 것이 비슷하면 먹이와 생활 방식이 비슷하지요. 가오리와 비슷하게 생긴 전자리상어는 가오리처럼 주로 얕은 바다의 부드러운 바닥에 붙어서 살면서 큰 입으로 모래 바닥에 있는 작은 물고기와 게를 빨아들여요.

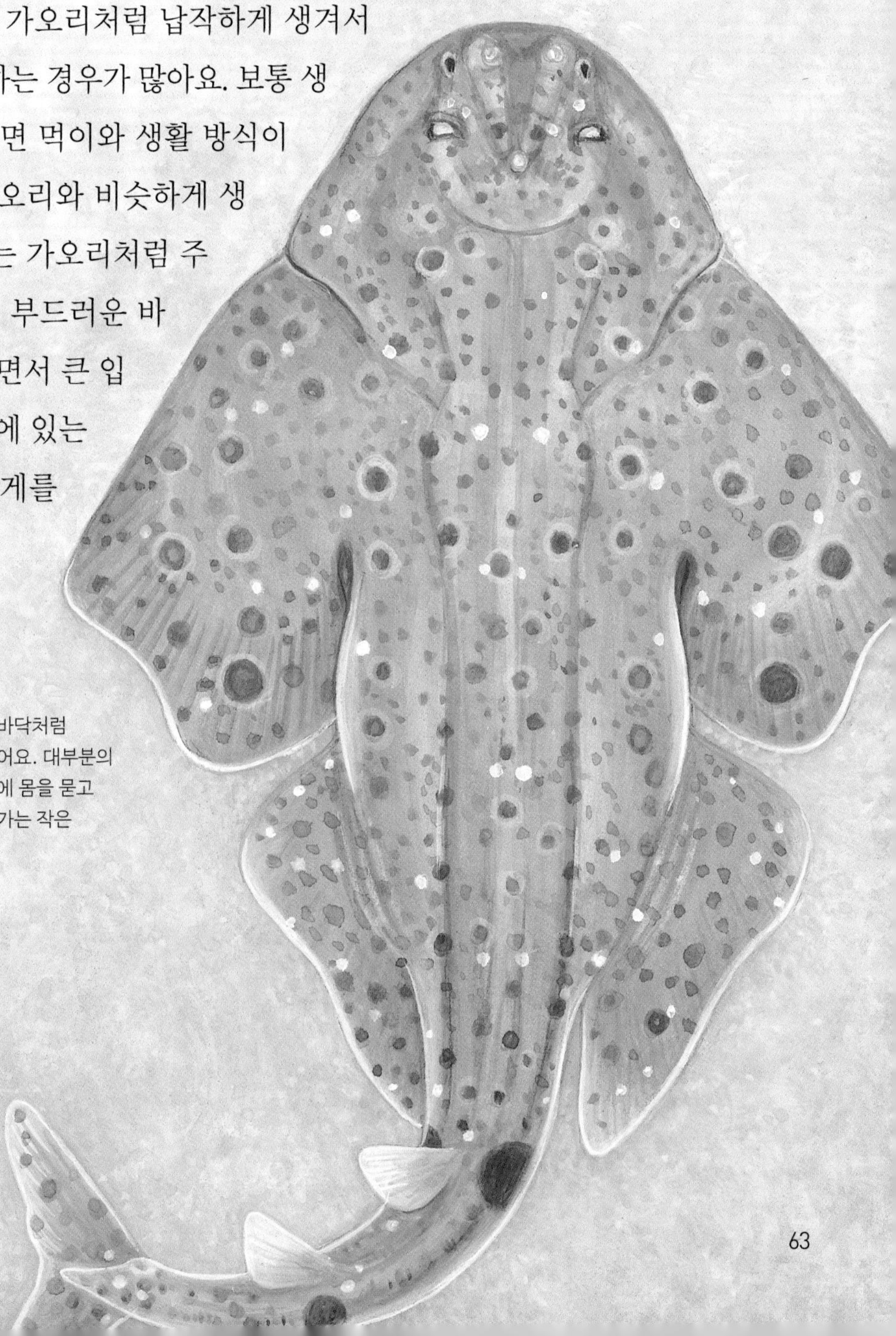

전자리상어의 몸은 모래 바닥처럼 보이는 보호색을 띠고 있어요. 대부분의 시간을 진흙이나 모래 속에 몸을 묻고 숨어 있다가 무심코 지나가는 작은 물고기를 잡아먹지요.

전자리상어목 최대 2m

상어와 가오리를 구별해 볼까요?

여러분은 상어와 가오리를 한눈에 구별할 수 있나요? 상어와 가오리는 전혀 다르게 생겼으니 어렵지 않다고 생각하나요? 그런데 생각보다 쉽지는 않을 거예요.

이 녀석은 톱가오리예요. 톱상어와 똑같이 생겼지만 가오리의 한 종류이지요. 톱상어와 톱가오리는 어떻게 구별할까요?

톱상어는 최대 2미터 정도까지 자라지만 톱가오리는 최대 8미터까지도 자라기 때문에 크기가 아주 크다면 일단 톱가오리라고 생각하면 되지요.

전자리상어

납작한 모양의 전자리상어는 가오리와 아주 비슷해서 자주 가오리로 오해를 받아요.

노랑가오리

연골어류는 상어, 가오리, 은상어, 세 종류예요. 상어와 가오리는 서로 가까운 친척이에요. 하지만 은상어는 같은 연골어류이고, 이름에 상어가 들어 있기는 하지만 사실 상어와는 많이 달라요.

은상어는 30종 정도밖에 없는 희귀한 물고기예요. 아가미구멍이 1개이고, 다 자라 어른이 되면 비늘이 없어져요.

연골어류 중에서도 상어와 가오리는 아주 가까운 물고기예요. 그래서 아가미구멍의 개수나 방패 비늘, 또 여러 생활 방식 등 닮은 점이 많지요. 상어처럼 생긴 가오리도 있고 가오리처럼 생긴 상어도 있으니 생김새만으로 둘을 구분하는 것은 아닌 듯해요. 상어와 가오리를 한눈에 구별하는 방법이 있어요.

눈처럼 보이지만 눈이 아니라 콧구멍이에요.

배에 난 가오리의 아가미구멍

몸 옆에 난 상어의 아가미구멍

상어와 가오리는 아가미구멍의 위치가 달라요. 상어는 몸 옆에 있고, 가오리는 바닥 쪽, 그러니까 배에 있어요.

머리 부분은 가오리를 닮고 몸통 부분은 상어를 닮은 이 녀석은 목탁수구리예요. 상어가오리라고 부르기도 해요. 상어일까요, 가오리일까요? 목탁수구리는 배 쪽에 아가미구멍이 있는 가오리예요. 톱가오리와 가까운 친척이라고 해요.

톱가오리의 아가미구멍

목탁수구리의 아가미구멍

검을 품은 꼬리, **환도상어**

꼬리지느러미의 윗부분과 아랫부분의 모양이 비대칭인 것이 다른 물고기와 구별되는 상어의 특징 중 하나예요. 그런 상어들 중에서도 특히 눈에 띄는 긴 꼬리지느러미를 가진 녀석이 환도상어인데, 이름도 꼬리지느러미가 조선 시대의 기다란 전통 검인 환도를 닮아서 붙여진 거예요. 몸길이의 절반이 꼬리지느러미예요.

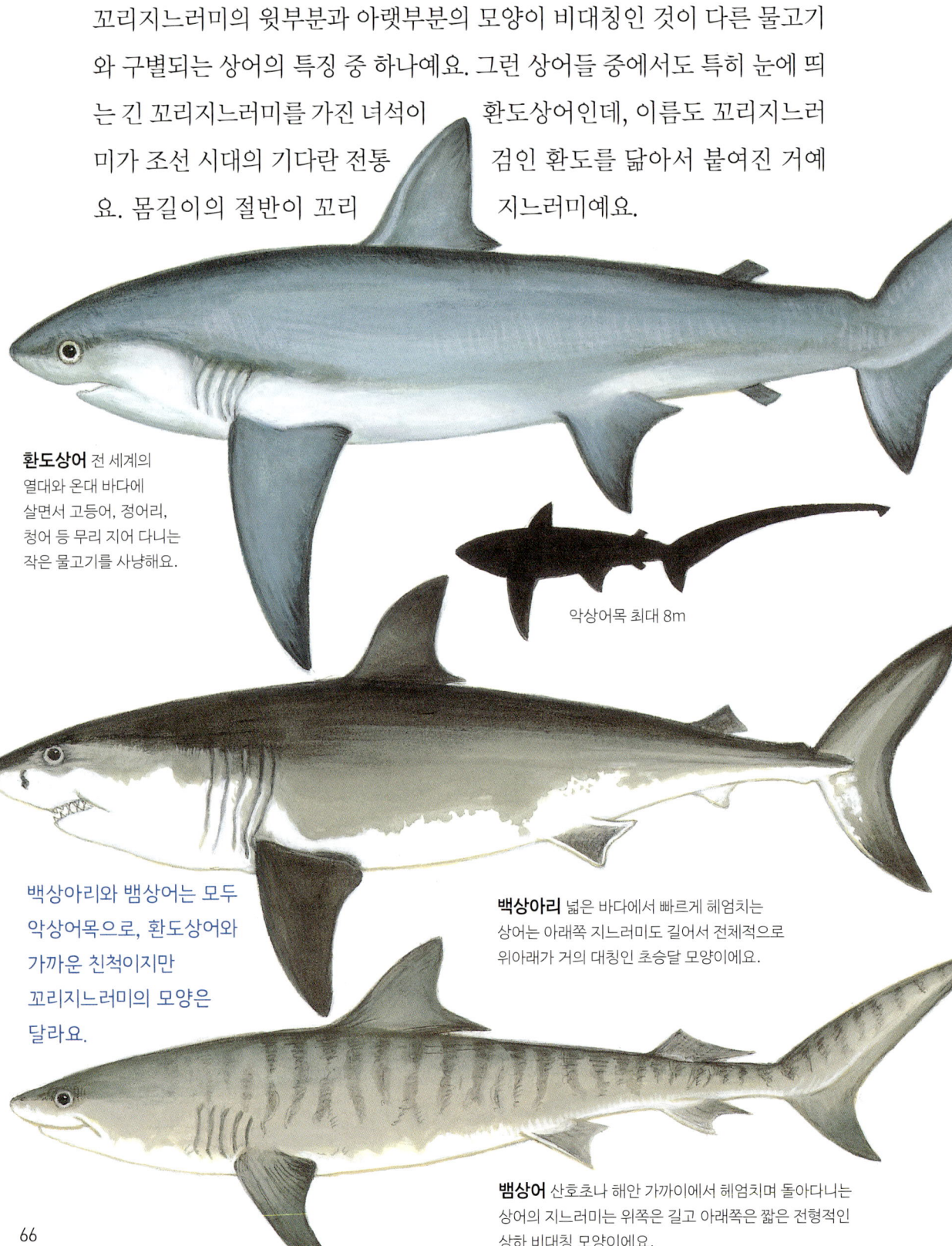

환도상어 전 세계의 열대와 온대 바다에 살면서 고등어, 정어리, 청어 등 무리 지어 다니는 작은 물고기를 사냥해요.

악상어목 최대 8m

백상아리와 뱀상어는 모두 악상어목으로, 환도상어와 가까운 친척이지만 꼬리지느러미의 모양은 달라요.

백상아리 넓은 바다에서 빠르게 헤엄치는 상어는 아래쪽 지느러미도 길어서 전체적으로 위아래가 거의 대칭인 초승달 모양이에요.

뱀상어 산호초나 해안 가까이에서 헤엄치며 돌아다니는 상어의 지느러미는 위쪽은 길고 아래쪽은 짧은 전형적인 상하 비대칭 모양이에요.

상어뿐만 아니라 물속을 헤엄치는 물고기에게 지느러미는 앞으로 나아가는 힘을 주고, 방향을 조절하거나 몸의 균형을 유지하게 해 주는 중요한 부분이에요. 특히 앞으로 나아가는 추진력은 주로 꼬리지느러미가 만들지요. 환도상어는 사냥에도 꼬리지느러미를 사용하는데, 물고기 떼 사이를 뚫고 헤엄치면서 꼬리를 채찍처럼 휘둘러서 꼬리에 맞아 죽거나 기절한 물고기를 잡아먹어요.

대부분의 경골어류의 지느러미는 위아래의 모양이 같은 대칭형이에요.

삼치

다금바리

상어의 꼬리지느러미는 사는 곳과 생활 방식에 따라 다르게 생겨서 꼬리지느러미 모양만으로도 어디서 어떻게 사는지 짐작할 수 있어요.

바다 밑바닥 가까이에서 천천히 헤엄치는 흉상어의 꼬리지느러미는 몸의 뒤쪽으로 길게 이어지는 모양이에요.

흉상어

수염상어와 같이 바닥 쪽에 사는 상어의 꼬리지느러미는 몸의 중심선과 거의 평형을 이루고 아래쪽 꼬리지느러미가 거의 없거나 크기가 아주 작아요.

수염상어

육지와 가까운 바다의 모래 바닥, 해초 군락 근처에 사는 칠성상어도 아래쪽 꼬리지느러미가 작아요.

칠성상어

바다 밑바닥 모래 속에서 대부분의 시간을 숨어서 생활하는 몸이 납작한 전자리상어는 위쪽보다 아래쪽 지느러미가 오히려 커요.

전자리상어

내가 가장 크다고! 고래상어

고래상어는 가장 큰 물고기예요. 크기도 고래만큼 크고, 보통의 상어처럼 뾰족한 이빨도 없고, 물속에서 입을 벌리고 진공청소기처럼 물을 빨아들여 플랑크톤이나 작은 물고기, 갑각류 등을 걸러서 먹는 것도 수염고래와 비슷하고, 이름에도 고래가 들어 있으니 고래인지 상어인지 헷갈리는 사람이 많아요. 하지만 포유류인 고래와는 숨 쉬는 방법과 지느러미 모양이 완전히 다른 '물고기'로, 상어가 분명하지요. 크기는 엄청 크지만 이빨도 거의 없고 성격이 온순해서 사람을 위협하지도 않는 점잖은 물고기예요.

육지와 멀리 떨어진 온대나 열대의 깊은 바다에 사는데, 수면 가까이에 플랑크톤이 많이 모여 있기 때문에 먹이를 먹을 때는 수면 가까이로 올라오지요. 하루에 무려 21킬로그램 정도의 플랑크톤을 먹는다고 해요.

수염상어목 최대 18m

크기가 작은 상어도 많아요.
고래상어가 속해 있는 수염상어목 상어들은 생김새와
생태뿐만 아니라 크기도 매우 다양해요. 가장 작은
상어로 꼽히는 대나무상어도 수염상어 종류예요.

대나무상어 (수염상어목) 16cm

두톱상어 (흉상어목) 50cm

아프리카난쟁이톱상어
(톱상어목) 60cm

난쟁이랜턴상어 (돔발상어목) 20cm

어른이 되면 몸이 더 이상 자라지 않는 인간과 달리 상어는 나무처럼 죽을 때까지 계속
자라는 무한 생장 동물이에요. 같은 종의 상어라면 몸집이 가장 큰 녀석이 나이도 가장
많아요. 우리가 흔히 알고 있는 상어들은 크기가 크고 사나운 종류여서 상어가 모두 몸집이
크다고 생각할 수도 있지만 상어의 평균 몸길이는 90센티미터 정도예요. 바다에는 고래만큼
크기도 하고 손바닥만큼 작기도 한, 정말 다양한 크기의 상어가 살고 있어요.

상어는 기본적으로 모두 육식성인데 고래상어는
식물성 조류나 해조류도 먹는 잡식성이라고 해요.
머리는 넓고 납작하며 커다란 입 속에는 거의
보이지도 않을 만큼 작은 쌀알만 한 이빨이 300개
정도 나 있어요. 먹이를 먹을 때 이빨을 거의
쓰지 않아서 퇴화했어요.

나보다 오래 살지는 못할걸? 그린란드상어

그린란드상어는 400년 넘게 살 수 있어요. 단순히 수명이 길다기보다는 시간이 엄청 느리게 흘러가듯 천천히 자라는 거예요. 150살이 되어야 4미터 정도 자라고 짝짓기를 할 수 있는 어른이 되거든요. 400살이 되면 몸길이가 5미터 정도 되고, 500살까지도 살아요. 과학자들은 그린란드상어가 사는 얼음으로 뒤덮인 북극해와 북대서양 바다의 차가운 온도가 성장과 노화 속도 자체를 느리게 진행시키는 것으로 생각하지요.

심해의 차가운 물을 좋아하는 그린란드상어는 1년에 1센티미터씩 느리게 자라고, 행동도 매우 느려요. 작은 물고기와 오징어를 주로 잡아먹지만 죽은 물범이나 순록 같은 대형 포유류의 사체도 먹어요.

상어는 대부분 20~30년 정도 살아요. 그린란드상어를 제외하면 고래상어, 넓은주둥이상어, 곱상어가 100년 정도로 수명이 긴 편이에요. 보통 상어는 12~15년 정도 자라면 짝짓기를 할 수 있는 어른이 되는데, 오래 사는 곱상어는 20년이 지나야 어른이 돼요.

돔발상어목 최대 7.3m

수억 년에 걸쳐 바다에 적응해 살아온 상어는 따뜻한 바다, 차가운 바다, 육지와 가까운 얕은 바다, 육지에서 먼 깊은 바다, 깨끗하고 맑은 바다, 탁한 진흙 바다, 산호와 해초가 무성한 바다, 그리고 해수면 가까이에서 바다 밑 바닥까지 바다라면 살지 않는 곳이 없어요. 심지어 민물인 강이나 호수에 사는 상어도 있지요.

큰지느러미흉상어는 열대와 아열대 지역이기만 하면 전 세계 모든 바다에 살아요.

그린란드상어처럼 빛이 들지 않아 앞이 잘 보이지도 않는 심해에 사는 상어들도 꽤 있고, 고래상어나 넓은주둥이상어처럼 수심 1500미터와 수면 가까이를 오가며 사는 상어들도 있어요. 이렇게 상어는 모든 바다에서 살지만 온도가 아주 낮은 남극의 바다에서는 살지 않는 것 같아요. 그리고 호수나 강에서도 살지만 육지에 완전히 둘러싸여 바다와 분리된 호수에서는 살지 않아요.

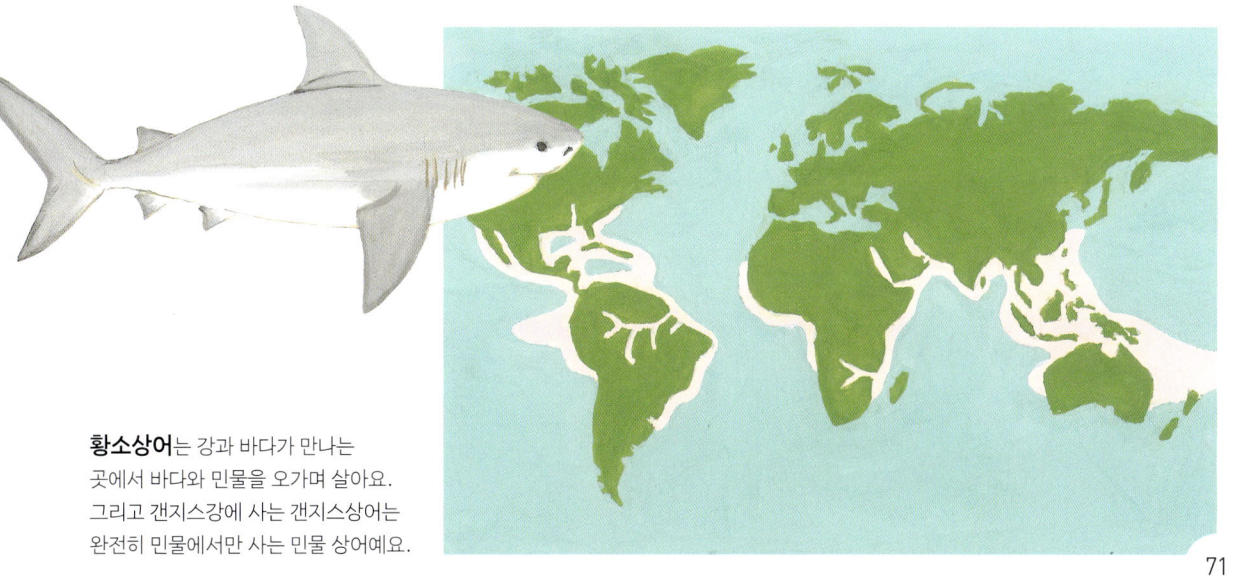

황소상어는 강과 바다가 만나는 곳에서 바다와 민물을 오가며 살아요. 그리고 갠지스강에 사는 갠지스상어는 완전히 민물에서만 사는 민물 상어예요.

사냥의 기술

상어는 크기가 크든 작든 사냥을 하는 육식성 동물로, 플랑크톤을 걸러 먹는 고래상어 같은 종류도 있지만 대부분 적극적인 사냥꾼이지요. 사냥의 기술이 상어의 생존에 무엇보다 중요한 부분이라는 뜻이에요. 상어는 먹이를 잘 찾기 위해 후각, 시각, 청각, 촉각 등 모든 감각이 예민할 뿐만 아니라 전기를 감지하는 능력까지 가지고 있어요.

상어가 감각으로 감지할 수 있는 범위

청각: 1.6km 이상
상어는 가장 먼저 소리로 먹이의 대략적인 위치를 파악해요. 소리는 공기 중에서보다 물속에서 4배 더 빨리 이동해요. 그래서 상어는 우리보다 더 빨리 들을 수도 있고, 먼 곳에서 나는 소리도 잘 들을 수 있어요.

후각: 500m 내외
후각은 상어에게 가장 중요한 감각 중 하나로, 100만분의 1로 희석한 피 냄새도 맡을 수 있을 만큼 매우 민감해요. 상어 뇌의 3분의 2는 무슨 냄새를 맡고 있는지 알아내는 데 사용된다고 해요.

옆줄(측선): 100m 내외
옆줄은 물고기들이 물의 진동을 느끼는 감각 기관으로, 아가미부터 몸통, 꼬리까지 한 줄로 늘어서 있는 줄이에요. 상어는 옆줄로 시각이나 청각으로는 감지할 수 없는 물의 미세한 떨림과 수압의 변화를 느낄 수 있어요. 그래서 완전히 어두운 심해에서도 먹이의 움직임을 파악할 수 있지요.

시각: 10m 이상
대부분의 상어는 시력이 좋지만, 사는 곳이나 먹잇감의 종류에 따라 조금씩 차이가 있어요. 특히 심해에 사는 상어는 적은 양의 빛을 볼 수 있도록 눈이 아주 크거나, 아니면 아예 앞을 거의 보지 못하기도 해요.

로렌치니 기관: 90cm 이하
로렌치니 기관은 상어와 가오리만 가진 초감각으로, 생물들이 내는 미세한 전기 신호를 감지할 수 있어요. 그래서 모래나 진흙 속에 파묻혀 소리가 나지도 않고 눈에 보이지도 않는 사냥감을 찾아낼 수가 있지요.

상어는 종류에 따라 사냥법도 다양해요. 청상아리는 빠른 속도로 먹이를 따라잡고, 전자리상어는 몸을 숨기고 먹이가 다가오기를 기다려요. 또 귀상어는 모래 속에 숨은 먹이의 전기 신호를 머리로 더듬어 찾아내지요. 뱀상어는 먹잇감 주위를 빙빙 돌며 몸을 부딪쳐 먹잇감의 크기를 가늠한다고 해요.

청새리상어와 곱상어는 늑대처럼 무리를 지어 사냥을 하는데, 여러 마리가 먹이를 한곳으로 몰아서 잡아먹어요.

상어는 기본적으로 인간을 사냥하지 않지만, 먹이로 착각하거나 위협을 느꼈을 때 공격할 수 있어요. 상어가 앞으로 지그재그 과장된 헤엄을 치거나 재빨리 회전하거나 밑으로 다이빙해서 배를 바닥에 긁거나 하는 행동은 신경 쓰이고 불편하다는 뜻이에요.

위에서 볼 때

앞에서 볼 때

옆에서 볼 때

서서히 자연스럽게 헤엄치면 근처에 사람이 있더라도 그다지 불편하게 생각하지 않는다는 뜻이에요.

상어가 등을 구부리고 가슴지느러미를 밑으로 쭉 뻗으며 머리와 꼬리를 좌우로 흔드는 것은 침입자를 위협하고 쫓아내기 위한 공격 자세이니 빠르게 피해야 해요.

마치며

　현재 상어와 가오리 종류 중 36퍼센트가 멸종 위기에 처해 있어요. 멸종 위기라는 것은 지구에서 영원히 사라져 다시는 볼 수 없게 될 수도 있다는 뜻이에요. 상어의 위기는 기후 변화와 환경 오염에 인간의 무분별한 포획이 더해져 생긴 거예요. 기후가 급격히 변하거나 산소 농도가 달라져서 수많은 생물이 멸종했던 여러 번의 멸종기를 꿋꿋하게 이겨 내고 4억 년이 넘는 시간 동안 지구의 바다를 지켰던, 강한 물고기인 상어가 인간 때문에 완전히 사라질 수도 있다고 생각하면 마음이 무거워집니다. 사실 지금의 기후 변화와 환경 오염도 대부분 인간이 만들어 낸 결과이니 우리가 좀 더 관심을 가지고 지구의 환경과 바다, 그리고 상어를 지켜보고 보살펴야 할 이유는 충분하다고 할 수 있지요.

여러분은 실제 바다에서 상어를 본 적이 있나요? 상어가 살고 있다는 건 바다의 환경이 아직 건강하다는 신호예요. 그러니 혹시라도 상어를 만나게 된다면 너무 무서워하지만 말고 인사를 전해 보세요.
"우리 계속 만날 수 있게 잘 지내야 해, 상어야."

사소한 상어책

초판1쇄 발행 2024년 3월 27일
초판2쇄 발행 2024년 12월 7일

글·그림 김은정 | 펴낸이 김남중
디자인 윤현이 | 교정 교열 한지연 | 제작 공간

펴낸곳 한권의책 | 출판등록 2011년 11월 2일 제406-251002011000317호
주소 경기도 파주시 노을빛로 109-26 | 전자우편 knamjung@hanmail.net

김은정 ⓒ 2024
ISBN 979-11-85237-62-6 73400
값 16,000원

- 잘못된 책은 바꿔 드립니다.
- 이 책 내용의 전부 또는 일부를 재사용하려면 반드시 저작권자와 한권의책 양측의 동의를 받아야 합니다.